Stundenblätter

Natur und Mensch

Lyrik vom Sturm und Drang bis zur Gegenwart

Frieder Mutschler
Stefan Schäfer

Ernst Klett Verlag
Stuttgart · Leipzig

Vorwort

Die Reihe **Stundenblätter** ist konzeptionell überarbeitet und den aktuellen Anforderungen an Ihre Unterrichtsvorbereitung angepasst worden. Sie bietet Ihnen zu ausgewählten Abiturlektüren ein komplettes Unterrichtsmodell, gegliedert in praktikable thematische Module.

Eingangs finden Sie **zwei Vorschläge für Ihre Unterrichtsgestaltung:** Die erste Übersicht zeigt einen maximalen Durchgang durch das Thema, die zweite Übersicht den verkürzten Durchgang, wenn die Zeit knapp ist.

Drei Kapitel bieten alles Nötige für das Gelingen Ihres Unterrichts.

1. Die **Kopiervorlagen** im ersten Teil sind sofort im Unterricht einsetzbar.

Mithilfe der Kopiervorlagen lassen sich die literarischen Texte vollständig und kompetenzorientiert erschließen. Kleine Schreibaufträge bereiten den Aufsatz vor.

Die Kopfzeile der Arbeitsblätter dient der schnellen Orientierung. Sie gibt das Thema des Moduls an und zeigt, ob die Kopiervorlage für den Unterrichtsgang notwendig ist (obligatorisch) oder der Ausweitung und Vertiefung dient (fakultativ).

Den Abschluss bilden **zwei Klausurvorschläge.** Die erste Klausur ist als Übungsklausur für Ihre Schülerinnen und Schüler gedacht, anhand derer diese gegebenenfalls noch einmal für den Ernstfall trainieren können. Für Sie als Lehrkraft gibt es einen Klausurvorschlag mit Bewertungsraster.

Sie können sich übrigens alle Kopiervorlagen auf www.klett.de (Eingabe des Online-Codes **65m3hd** in das Suchfenster) als veränderbare Word-Vorlage herunterladen. So haben Sie also die Möglichkeit, die Arbeitsblätter aus diesem Heft zu kopieren oder auch als Word-Vorlage individuell den Bedürfnissen Ihrer Lerngruppe anzupassen.

2. Die **Analyse und Interpretation** im zweiten Teil der Stundenblätter bietet einen zusammenfassenden Überblick über die Geschichte der Naturlyrik und vermittelt Ihnen weiterführende Sachinformationen.

3. **Kommentare und Lösungen** finden Sie im dritten Teil.

Zu allen Modulen werden die Intention, Zielvorstellungen und Kompetenzerwartungen, Zeitbedarf sowie Hinweise zum Unterrichtsverlauf übersichtlich dargestellt.

Daran schließen sich ausführliche Lösungen und Erwartungshorizonte zu jeder Kopiervorlage an, sodass die Arbeitsergebnisse der Schüler leicht überprüfbar werden.

Wir wünschen Ihnen viel Erfolg in Ihrem Unterricht!

Inhalt

Inhalt

Klausurvorschläge

Arbeitsblatt

Modul	Thema	Material	Kompetenzen	Sozialform	Zeitbedarf
I	**Zugänge**	KV 1: Einen Zugang zum Thema finden (fakultativ)	– Fragestellungen zum Thema „Natur und Mensch" erschließen – das Thema unter dem Aspekt von Leitgedanken reflektieren	Unterrichtsgespräch Einzelarbeit Partnerarbeit	1 Stunde (= 60 min)
II	**Vom Sturm und Drang zum Realismus**	KV 2: Die Naturauffassung im Sturm und Drang kennenlernen (obligatorisch)	– Gedichte aspektbezogen untersuchen und vergleichen – Sachtexte auswerten und für die Deutung literarischer Texte nutzen – literarische Texte fachbegrifflich erarbeiten	Einzelarbeit Gruppenarbeit Unterrichtsgespräch	1 Doppelstunde, 1 Einzelstunde (= 135 min)
		KV 3: Das Natur- und Weltverständnis der Weimarer Klassik untersuchen (obligatorisch)	– unterschiedliche Fassungen eines Gedichts analysieren – Sachtexte auswerten und für die Deutung literarischer Texte nutzen	Einzelarbeit Unterrichtsgespräch	1 Einzelstunde (= 45 min)
		KV 4: Poetologische Konzepte der Weimarer Klassik erschließen (fakultativ)	– eine Abbildung interpretieren und zentrale Bezüge zu einem literarischen Text herstellen – die formale Gestaltung eines Gedichts im inhaltlichen Zusammenhang analysieren	Einzelarbeit Gruppenarbeit Unterrichtsgespräch	1 Doppelstunde (= 90 min)
		KV 5: Goethes Symbolbegriff verstehen (obligatorisch)	– literarische Texte fachbegrifflich erarbeiten – Sachtexten zentrale Informationen entnehmen und diese auf literarische Texte beziehen – einen darstellenden Text verfassen	Einzelarbeit Gruppenarbeit Unterrichtsgespräch	1 Doppelstunde (= 90 min)
		KV 6: Romantisches Naturverständnis kennenlernen (obligatorisch)	– eine Abbildung beschreiben und mit einem literarischen Text vergleichen – Gedichte thematisch und formal analysieren – eigene Positionen begründen	Einzelarbeit Gruppenarbeit Unterrichtsgespräch	1 Einzelstunde (= 45 min)
		KV 7: Themen und Gestaltungsweisen der Romantik analysieren (fakultativ)	– Bezüge zwischen einer Abbildung und einem literarischen Text herstellen – von einer Notenfolge das Textverständnis des Komponisten ableiten – die formale Gestaltung eines Gedichts im inhaltlichen Zusammenhang analysieren – einen literarischen Text einer Klanganalyse unterziehen und das Ergebnis im inhaltlichen Zusammenhang interpretieren	Einzelarbeit Partnerarbeit Unterrichtsgespräch	1 Einzelstunde (= 45 min)

Modul	Thema	Material	Kompetenzen	Sozialform	Zeitbedarf
		KV 8: Romantische Chiffren verstehen (obligatorisch)	– den Begriff „romantische Chiffre“ erarbeiten – einen Bedeutungscluster anlegen – Gedichte aspektbezogen untersuchen	Einzelarbeit Partner-arbeit Unterrichts-gespräch	1 Doppel-stunde (= 90 min)
		KV 9: Die Auflösung der Idylle im Realismus erkennen (obligatorisch)	– Abbildungen beschreiben und miteinander vergleichen – literarische Texte aspekt-bezogen vergleichen – Strategien des Textverständ-nisses erwerben	Einzelarbeit Partner-arbeit Unterrichts-gespräch	1 Doppel-stunde (= 90 min)
		KV 10: Die Natur als Gegen-stand symbolischer Abstraktion untersuchen (fakultativ)	– Funktionen sprachlicher Gestaltung erkennen und auswerten – literarische Texte kontext-bezogen interpretieren	Einzelarbeit Unterrichts-gespräch	1 Einzel-stunde (= 45 min)
III	**Von der Jahr-hundertwende bis zur Gegen-wart**	KV 11: Die Ästhetik des Symbolismus kennenlernen (obligatorisch)	– Sachtexte auswerten und für die Deutung literarischer Texte nutzen – literarische Texte fachbegriff-lich erarbeiten	Einzelarbeit Partner-arbeit Unterrichts-gespräch	1 Doppel-stunde (= 90 min)
		KV 12: Epochenumbrüche im Stilwandel erkennen (fakultativ)	– Positionen des Autors darlegen und auf einen literarischen Text beziehen – literarische Texte vergleichend untersuchen – eigene Positionen begründen	Unterrichts-gespräch Einzelarbeit	1 Einzel-stunde (= 45 min)
		KV 13: Den Wandel des Natur-bildes im Expressionismus analysieren (obligatorisch)	– eine Abbildung mit der literarischen Darstellung vergleichen – Sachtexten zentrale Infor-mationen entnehmen und diese auf literarische Texte beziehen	Einzelarbeit Partner-arbeit Unterrichts-gespräch	1 Doppel-stunde (= 90 min)
		KV 14: Dichtung als Definition der Realität nach 1945 erkennen (obligatorisch)	– Informationen recherchieren – Gedichte im Hinblick auf wesentliche formale, sprach-liche und inhaltliche Elemente deuten	Einzelarbeit Partner-arbeit Unterrichts-gespräch	1 Doppel-stunde (= 90 min)
		KV 15: Hermetische Lyrik inter-pretieren (fakultativ)	– Gedichte aspektbezogen interpretieren und vergleichen – historisch bedingte Intentionen und Ausdrucksformen lyrischen Sprechens beurteilen – Gedichtinhalte szenisch umsetzen	szenische Darstellung Einzelarbeit Gruppen-/ Partnerarbeit	1 Einzel-stunde (= 45 min)

Modul	Thema	Material	Kompetenzen	Sozialform	Zeitbedarf
		KV 16: Themen und Formen gegenwärtiger Naturlyrik erschließen (obligatorisch)	– aus einer Abbildung Positionen des Urhebers ableiten und sich dazu positionieren – Gedichte thematisch, inhaltlich und formal analysieren – Texte nach Schreibimpulsen verfassen	Einzelarbeit Partnerarbeit Unterrichtsgespräch	1 Doppelstunde (= 90 min)
IV	**Gedichte im Vergleich**	KV 17: Mondgedichte unter den Aspekten Thema und Gestaltung vergleichen (obligatorisch)	– thematisch/motivisch verwandte Gedichte aspektorientiert vergleichen – Sachtexte auswerten und für die Deutung literarischer Texte nutzen	Einzelarbeit Partnerarbeit Unterrichtsgespräch	1 Doppelstunde (= 90 min)
		KV 18: Realismuskonzepte des 19. und 20. Jahrhunderts vergleichen (fakultativ)	– fachbegrifflich mit literarischen Texten auseinandersetzen – die formale Gestaltung von Gedichten im inhaltlichen Zusammenhang interpretieren	Einzelarbeit Partnerarbeit Unterrichtsgespräch	1 Doppelstunde (= 90 min)
V	**Gefährdete Natur**	KV 19: Gesellschaftskritische Aspekte in der Naturlyrik untersuchen (obligatorisch)	– Gedichte kontextbezogen interpretieren – historisch bedingte Intentionen und Ausdrucksformen lyrischen Sprechens beurteilen	Einzelarbeit Partnerarbeit Unterrichtsgespräch	1 Doppelstunde (= 90 min)
VI	**Politik im Naturgedicht**	KV 20: Die Politisierung der Natur bei Brecht untersuchen (obligatorisch)	– Gedichte vergleichend im Hinblick auf die Gestaltung von Themen und Motiven analysieren – Sachtexte auswerten und für die Deutung literarischer Texte nutzen – Gedichte in einen zeit- und sozialgeschichtlichen Hintergrund einordnen	Einzelarbeit Partnerarbeit Unterrichtsgespräch	1 Doppelstunde (= 90 min)
VII	**Poetik im Naturgedicht**	KV 21: Natur, Sprache, Sprecher: eine Entwicklung rekonstruieren (fakultativ)	– literarische Texte aspektbezogen erschließen – Sachtexte auswerten und für die Deutung literarischer Texte nutzen	Einzelarbeit Partner-/Gruppenarbeit Unterrichtsgespräch	1 Doppelstunde (= 90 min)
VIII	**Wiederholen und Sichern**	KV 22: Eine Diagnose zum Lernstand stellen (fakultativ)	– den individuellen Lernstand diagnostizieren – die Selbsteinschätzung anhand von Lösungsergebnissen überprüfen	Einzelarbeit Unterrichtsgespräch	1 Einzelstunde (= 45 min)

Modul	Thema	Material	Kompetenzen	Sozialform	Zeitbedarf
II	**Vom Sturm und Drang zum Realismus**	KV 2: Die Naturauffassung im Sturm und Drang kennenlernen	– Gedichte aspektbezogen untersuchen und vergleichen – Sachtexte auswerten und für die Deutung literarischer Texte nutzen – literarische Texte fachbegrifflich erarbeiten	Einzelarbeit Gruppenarbeit Unterrichtsgespräch	1 Doppelstunde, 1 Einzelstunde (= 135 min)
		KV 3: Das Natur- und Weltverständnis der Weimarer Klassik untersuchen	– unterschiedliche Fassungen eines Gedichts analysieren – Sachtexte auswerten und für die Deutung literarischer Texte nutzen	Einzelarbeit Unterrichtsgespräch	1 Einzelstunde (= 135 min)
		KV 5: Goethes Symbolbegriff verstehen	– literarische Texte fachbegrifflich erarbeiten – Sachtexten zentrale Informationen entnehmen und diese auf literarische Texte beziehen – einen darstellenden Text verfassen	Einzelarbeit Gruppenarbeit Unterrichtsgespräch	1 Doppelstunde (= 90 min)
		KV 6: Romantisches Naturverständnis kennenlernen	– eine Abbildung beschreiben und mit einem literarischen Text vergleichen – Gedichte thematisch und formal analysieren – eigene Positionen begründen	Einzelarbeit Gruppenarbeit Unterrichtsgespräch	1 Einzelstunde (= 135 min)
		KV 8: Romantische Chiffren verstehen	– den Begriff „romantische Chiffre" erarbeiten – einen Bedeutungscluster anlegen – Gedichte aspektbezogen untersuchen	Einzelarbeit Gruppenarbeit Unterrichtsgespräch	1 Doppelstunde (= 90 min)
		KV 9: Die Auflösung der Idylle im Realismus erkennen	– Abbildungen beschreiben und miteinander vergleichen – literarische Texte aspektbezogen vergleichen – Strategien des Textverständnisses erwerben	Einzelarbeit Gruppenarbeit Unterrichtsgespräch	1 Doppelstunde (= 90 min)
III	**Von der Jahrhundertwende bis zur Gegenwart**	KV 11: Die Ästhetik des Symbolismus kennenlernen	– Sachtexte auswerten und für die Deutung literarischer Texte nutzen – literarische Texte fachbegrifflich erarbeiten	Einzelarbeit Gruppenarbeit Unterrichtsgespräch	1 Doppelstunde (= 90 min)

Modul	Thema	Material	Kompetenzen	Sozialform	Zeitbedarf
		KV 13: Den Wandel des Naturbildes im Expressionismus analysieren	– eine Abbildung mit der literarischen Darstellung vergleichen – Sachtexten zentrale Informationen entnehmen und diese auf literarische Texte beziehen	Einzelarbeit Gruppenarbeit Unterrichtsgespräch	1 Doppelstunde (= 90 min)
		KV 14: Dichtung als Definition der Realität nach 1945 erkennen	– Informationen recherchieren – Gedichte im Hinblick auf wesentliche formale, sprachliche und inhaltliche Elemente deuten	Einzelarbeit Gruppenarbeit Unterrichtsgespräch	1 Doppelstunde (= 90 min)
		KV 16: Themen und Formen gegen-wärtiger Naturlyrik erschließen	– aus einer Abbildung Positionen des Urhebers ableiten und sich dazu positionieren – Gedichte thematisch, inhaltlich und formal analysieren – Texte nach Schreibimpulsen verfassen	Einzelarbeit Gruppenarbeit Unterrichtsgespräch	1 Doppelstunde (= 90 min)
IV	**Gedichte im Vergleich**	KV 17: Mondgedichte unter den Aspekten Thema und Gestaltung vergleichen	– thematisch/motivisch verwandte Gedichte aspektorientiert vergleichen – Sachtexte auswerten und für die Deutung literarischer Texte nutzen	Einzelarbeit Gruppenarbeit Unterrichtsgespräch	1 Doppelstunde (= 90 min)
V	**Gefährdete Natur**	KV 19: Gesellschaftskritische Aspekte in der Naturlyrik untersuchen	– Gedichte kontextbezogen interpretieren – historisch bedingte Intentionen und Ausdrucksformen lyrischen Sprechens beurteilen	Einzelarbeit Gruppenarbeit Unterrichtsgespräch	1 Doppelstunde (= 90 min)
VI	**Politik im Naturgedicht**	KV 20: Die Politisierung der Natur bei Brecht untersuchen	– Gedichte vergleichend im Hinblick auf die Gestaltung von Themen und Motiven analysieren – Sachtexte auswerten und für die Deutung literarischer Texte nutzen – Gedichte in einen zeit- und sozialgeschichtlichen Hintergrund einordnen	Einzelarbeit Gruppenarbeit Unterrichtsgespräch	1 Doppelstunde (= 90 min)

Einen Zugang zum Thema finden

1 Verfassen Sie einen Text zum Thema „Natur und Mensch“. Lassen Sie sich dazu von Antony Gormleys Installation „Horizon Field“ inspirieren, die im Materialienteil der Klett Editionen auf Seite 102 abgebildet ist.

Matsuo Bashô: Haiku

Auf einen dürren Ast
setzt sich eine einsame Krähe
Herbstabend nun

Yohoi Yayu: Haiku

Der Duft der Dunkelheit,
als ich ihn pflückte, war er weiß;
Pflaumenblüte

Aus: http://deutschehaikugesellschaft.de/wp_CKq-ieWN-JKPs-iPj-UT/wp-content/uploads/2010/05/Sommergras74.pdf, S. 19, S. 35 (eingesehen am: 31. Oktober 2014)

2 Lesen Sie die beiden Haikus. Machen Sie sich bewusst, wie Haikus gebaut sind, und schreiben Sie nach diesem Muster selbst ein Haiku zum Thema „Natur und Mensch“.

Tiere und kleine Kinder sind der Spiegel der Natur.
(Epikur von Samos)

Die Natur muss gefühlt werden.
(Alexander von Humboldt)

Die Schwärmerei für die Natur kommt von der Unbewohnbarkeit der Städte.
(Bertolt Brecht)

3 Wählen Sie ein Zitat aus. Schreiben Sie Ihre Gedanken rund um das Zitat auf und tragen Sie diese im Kurs vor.

Marie Luise Kaschnitz: Gelassene Natur (1944)

Was kümmert dich, Natur,
Des Menschen Los?
Du hegst und achtest nur
Die Frucht im Schoß.

Nicht störet deine Ruh
Der Lärm der Schlacht;
Nicht weinst und wachest du
Mit dem, der wacht.

Dein Ohr vernimmt es kaum
Das bittre Weh.
Es blüht dein Blütenbaum
So schön wie je.

Manch armer Leib verwest
Lebendig tot,
Indessen du begehst
Das Abendrot.

Dir kann es gleichviel sein,
Wer wen erschlug:
Wir gehen in dich ein,
Das ist genug.

Aus: Marie Luise Kaschnitz: Dunkle Zeit, in: Gesammelte Werke, Band 5, Frankfurt am Main: S. Fischer Verlag 1985

NAME:

DATUM/KURS:

4 Lesen Sie das Gedicht „Gelassene Natur“ von Marie Luise Kaschnitz. Untersuchen Sie das Thema/die Themenfelder im Gedicht. Nutzen Sie dazu das folgende Arbeitsblatt.

Arbeitsblatt: Gedichte thematisch untersuchen

Thematische Aspekte	Analyse
I. Was wird dargestellt? Welche Elemente/Bereiche der Natur werden dargestellt (z. B. Fluss, Sonne, Baum, Flamingo, Wärme, Jahreszeit, Licht)? Handelt es sich beim dargestellten *Naturraum* eher um: eine Idylle (ein Paradies), einen intakten Raum, einen gestörten Raum oder um einen Schreckensraum? Werden bei den *Naturgegenständen* eher intakte oder beeinträchtigte bzw. gestörte oder zerstörte Elemente der Natur vorgestellt? Erscheint die Natur aktiv oder passiv, als Subjekt oder als Objekt? Wird die Natur ursprünglich/wild, ewig oder zivilisiert/kultiviert/domestiziert dargestellt? Ist sie veränderbar?	
II. Wie ist das Verhältnis zwischen Mensch und Natur? Ist der Mensch ein Teil, ein Gegenüber oder ein Gegensatz zur Natur? Wie verhält sich das Ich zur Natur (betrachtend, vertrauend, misstrauisch, beobachtend, feiernd, fremd, Trost suchend, reflektierend, klagend, kritisierend, gefühlvoll/empfindend, melancholisch etc.)? Wird die Natur als menschenfreundlich oder menschenfeindlich oder indifferent wahrgenommen?	
III. Wie ist das Thema „Natur und Mensch“ gestaltet? – eher distanziert und sachlich? – eher emotional und subjektiv? – eher realistisch und konkret (faktisch dokumentierbar)? – eher bildlich (metaphorisch, symbolisch)?	

5 Legen Sie schriftlich dar, welche Naturauffassung in „Gelassene Natur“ zum Ausdruck kommt. Beurteilen Sie diese Sicht der Natur und argumentieren Sie mit Beispielen.

NAME:

DATUM/KURS:

Die Naturauffassung im Sturm und Drang kennenlernen

Goethe verfasste das „Maifest“ im Alter von 22 Jahren. Es gehört zu den „Sesenheimer Liedern“, die unter anderem durch die Pfarrerstochter Friederike Brion aus Sesenheim inspiriert wurden.

Johann Wolfgang von Goethe: Maifest (1771)

Wie herrlich leuchtet
Mir die Natur!
Wie glänzt die Sonne!
Wie lacht die Flur!

Es dringen Blüten
Aus jedem Zweig
Und tausend Stimmen
Aus dem Gesträuch

Und Freud und Wonne
Aus jeder Brust.
O Erd, o Sonne,
O Glück, o Lust,

O Lieb’, o Liebe,
So golden schön,
Wie Morgenwolken
Auf jenen Höhn,

Du segnest herrlich
Das frische Feld,
Im Blütendampfe
Die volle Welt!

O Mädchen, Mädchen,
Wie lieb’ ich dich!
Wie blickt dein Auge,
Wie liebst du mich!

So liebt die Lerche
Gesang und Luft,
Und Morgenblumen
Den Himmelsduft,

Wie ich dich liebe
Mit warmem Blut,
Die du mir Jugend
Und Freud’ und Mut

Zu neuen Liedern
Und Tänzen gibst.
Sei ewig glücklich,
Wie du mich liebst.

Aus: Johann Wolfgang von Goethe: Gedichte, hrsg. und kommentiert von Erich Trunz, Jubiläumsausgabe, München: C. H. Beck Verlag 2007

1 Lesen Sie das Gedicht „Maifest“. Charakterisieren Sie die Haltung des lyrischen Ich und begründen Sie Ihre Auswahl anhand von Textbeispielen.

> *Mögliche Charakterisierungen des lyrischen Ich:* distanziert, ehrfürchtig, nachdenklich, enthusiastisch, beunruhigt, aufgeregt, selig, deprimiert, besorgt, beobachtend, selbstbewusst, natürlich, sentimental, sachlich, übertrieben, pathetisch, gefühlvoll, feierlich, reflektiert, begeistert …

2 Bereiten Sie einen Gedichtvortrag vor. Fertigen Sie dazu eine Lesepartitur an.

Info

Lesepartitur

Zeichnen Sie die Satzbögen in den Gedichttext ein, auch über Strophen- und Versgrenzen hinweg.
Die Bögen zeigen Ihnen, wie Sie die Stimme führen. Beachten Sie vor allem die Satzzeichen!
Machen Sie hörbar, was zusammengehört (z. B. Anaphern, Alliterationen, Parallelismen, Reime, Assonanzen).
Setzen Sie Betonungszeichen, Tempozeichen und Pausenzeichen.

3 Im „Maifest“ gibt es vier Akteure: Natur – Liebe – Mädchen – lyrisches Ich. Erläutern Sie den Zusammenhang zwischen diesen Akteuren. Entwerfen Sie dazu eine grafische Skizze.

NAME:

DATUM/KURS:

4 Die Sprache des Sturm und Drang wird als „Sprache des Herzens“ beschrieben. Weisen Sie dieses emotionale Sprechen am „Maifest“ nach. Mögliche Aspekte der Untersuchung könnten sein: Wortwahl, Satzart und Satzbau, rhetorische Figuren, sprachliche Bilder (Metaphern, Vergleiche etc.), Rhythmus (Tempo) und Metrum, Vers- und Strophenbau. Legen Sie dazu eine Tabelle (DIN A 4) nach folgendem Muster an.

Analyseaspekte	Textbeispiele	Wirkung/Funktion der Gestaltungsmittel
Wortwahl	herrlich (V. 1), leuchtet (V. 2), glänzt (V. 3)	– Verben und Adjektive vermitteln ein optisches Leuchten – …
Satz (Satzart, Satzbau)		

5 Informieren Sie sich genauer über die „Sesenheimer Lieder“ und lesen Sie im Materialienteil der Klett Editionen (S. 107) Goethes Erinnerungen an „Glückliche Tage“. Erläutern Sie die Bedeutung dieser biografischen Information für die Interpretation des Gedichts.

6 Das „Maifest“ wird als Beispiel der „Erlebnislyrik“ beschrieben. Lesen Sie die verschiedenen Definitionen des Begriffs Erlebnislyrik (vgl. Klett Editionen, S. 107). Erörtern Sie, ob und inwiefern dieser Begriff das Verständnis des Gedichts vertieft, begrenzt oder gar behindert.

7 Auch in Goethes Briefroman „Die Leiden des jungen Werther“ spielt das Verhältnis von Natur und Mensch eine zentrale Rolle. Untersuchen Sie die beiden Briefstellen im Materialienteil der Klett Editionen (S. 110 f.) mit Blick auf den Zusammenhang von Stimmung und Naturerleben.

8 Vergleichen Sie in einem zweiten Schritt
a) das Naturverständnis im Roman „Die Leiden des jungen Werther“ mit dem Naturverständnis im Gedicht „Maifest“.
b) die Gestaltungsmittel, mit denen das Naturverständnis jeweils zum Ausdruck gebracht wird.

9 Lesen Sie im Materialienteil der Klett Editionen (S. 108 f.) den Aufsatz „Über die Fülle des Herzens“ von Friedrich Leopold Graf zu Stolberg. Erarbeiten Sie in Gruppen anhand von „Maifest“, „Die Leiden des jungen Werther“ und Stolbergs Aufsatz eine Zusammenstellung epochentypischer Merkmale des Naturempfindens im Sturm und Drang.

Barthold Heinrich Brockes: Kirschblüte bei der Nacht (1727)

Ich sahe mit betrachtendem Gemüte
Jüngst einen Kirschbaum, welcher blühte,
In kühler Nacht beim Mondenschein;
Ich glaubt', es könne nichts von größrer Weiße sein.
Es schien, ob wär ein Schnee gefallen.
Ein jeder, auch der kleinste Ast
Trug gleichsam eine rechte Last
Von zierlich-weißen runden Ballen.
Es ist kein Schwan so weiß, da nämlich jedes Blatt,
indem daselbst des Mondes sanftes Licht
Selbst durch die zarten Blätter bricht,
Sogar den Schatten weiß und sonder Schwärze hat.
Unmöglich, dacht ich, kann auf Erden
Was Weißers ausgefunden werden.
Indem ich nun bald hin, bald her
Im Schatten dieses Baumes gehe,
Sah ich von ungefähr
Durch alle Blumen in die Höhe
Und ward noch einen weißern Schein,
Der tausendmal so weiß, der tausendmal so klar,
Fast halb darob erstaunt, gewahr.
Der Blüte Schnee schien schwarz zu sein
Bei diesem weißen Glanz. Es fiel mir ins Gesicht
Von einem hellen Stern ein weißes Licht,
Das mir recht in die Seele strahlte.

Wie sehr ich mich an Gott im Irdischen ergetze,
Dacht ich, hat Er dennoch weit größre Schätze.
Die größte Schönheit dieser Erden
Kann mit der himmlischen doch nicht verglichen werden.

Aus: Karl Otto Conrady (Hrsg.): Das große deutsche Gedichtbuch. Von 1850 bis zur Gegenwart, München/Zürich: Artemis und Winkler 1995, S. 80

10 Stellen Sie die Situation dar, die in „Kirschblüte bei der Nacht“ von Barthold Heinrich Brockes beschrieben wird, und formulieren Sie das Thema des Gedichts. Gehen Sie dabei auch auf die Strophenform und deren Bedeutung ein.

11 Vergleichen Sie Brockes' Gedicht „Kirschblüte bei der Nacht“ mit Goethes „Maifest“. Beachten Sie vor allem das Naturverständnis und die Rolle des lyrischen Ich in beiden Gedichten.

NAME:
DATUM/KURS:

Das Natur- und Weltverständnis der Weimarer Klassik untersuchen

Das Gedicht „Ein Gleiches“ entsteht Anfang September 1780 auf dem Kickelhahn bei Weimar. 1815 gibt Goethe das Gedicht heraus, zusammen mit dem früher entstandenen „Wandrers Nachtlied“ (vgl. Klett Editionen, S. 22). Er stellt damit beide Gedichte in einen thematischen Zusammenhang.

Johann Wolfgang von Goethe: Ein Gleiches (1780)

(Cotta-Ausgabe)
Über allen Gipfeln
Ist Ruh,
In allen Wipfeln
Spürest du
Kaum einen Hauch;
Die Vögelein schweigen im Walde.
Warte nur! balde
Ruhest du auch.

Aus: Johann Wolfgang von Goethe: Gedichte, hrsg. und kommentiert von Erich Trunz, Jubiläumsausgabe, München: C. H. Beck Verlag 2007

(frühere Fassung)
Über allen Gipfeln ist Ruh.
In allen Wäldern hörest Du
Keinen Laut.
Die Vöglein schlafen im Walde;
Warte nur! Balde, balde
Schläfst auch Du.

Aus: Wulf Segebrecht: J. W. Goethe. Über allen Gipfeln ist Ruh'. Texte, Materialien, Kommentar. Hamburg: Hanser 1978, S. 21 f.

1 Lesen Sie Goethes Gedicht „Ein Gleiches“ (Cotta-Ausgabe). Klären Sie, welches der folgenden Textmuster zu dem Gedicht passt. Begründen Sie Ihre Auffassung differenziert am Text.

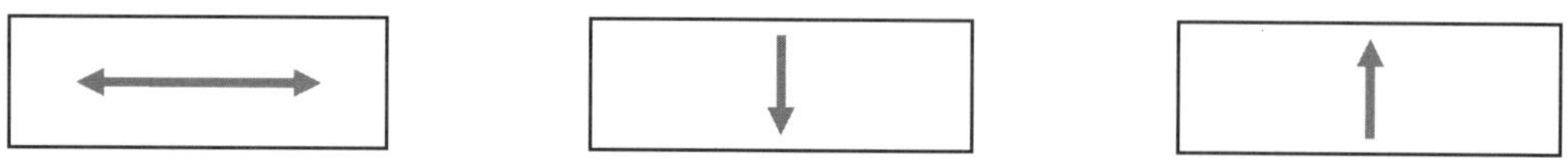

2 Wählen Sie eine oder mehrere Möglichkeiten, wie das Gedicht zu verstehen ist: als ein Naturgedicht, ein Gedicht über den Tod, ein Gedicht über die Ordnung der Schöpfung, ein Abendgedicht, ein Liebesgedicht, ein Gedicht über eine Heimkehr, eine Drohung oder als eine Tröstung. Argumentieren Sie mit Textbelegen.

3 Von diesem Gedicht gibt es verschiedene Fassungen. Vergleichen Sie die Cotta-Ausgabe mit der früheren Fassung. Gehen Sie dabei auf Inhalt, Wortwahl, Metrum und Rhythmus, Satzbau, Versbau und Strophenbau ein.

4 Überlegen und notieren Sie, was Goethe zu den Überarbeitungen seines Gedichts bewegt haben könnte.

Johann Wolfgang von Goethe: Über den Granit (1784)

Ich fürchte den Vorwurf nicht, daß es ein Geist des Widerspruchs sein müsse, der mich von der Betrachtung und Schilderung menschlichen Herzens, des jüngsten, mannigfaltigsten, beweglichsten, veränderlichsten, erschütterlichsten Teile der Schöpfung, zu der Beobachtung des Ältesten festesten, tiefsten, unerschütterlichsten Sohnes der Natur gefunden hat. [...] Mit diesen Gesinnungen nähere ich mich euch, ihr ältesten, würdigsten Denkmäler der Zeit. Auf einem hohen nackten Gipfel sitzend und eine weite Gegend überschauend, kann ich mir sagen: Hier ruhst du unmittelbar auf einem Grunde, der bis zu den tiefsten Orten der Erde hinreicht [...]. So einsam, sage ich zu mir selber, indem ich diesen ganz nackten Gipfel hinabsehe und kaum in der Ferne am Fuße ein geringwachsendes Moos erblicke, so einsam, sage ich, wird es dem Menschen zumute, der nur den ältesten, ersten, tiefsten Gefühlen der Wahrheit sein Seele eröffnen will. [...] Ich fühle die ersten, festesten Anfänge unseres Daseins, ich überschaue die Welt. [...]

Aus: Wulf Segebrecht: J. W. Goethe. Über allen Gipfeln ist Ruh'. Texte, Materialien, Kommentar, Hamburg: Hanser 1978, S. 153

5 Goethe kam in seinen geologischen Forschungen zu dem Ergebnis, dass der Granit die „Unterlage aller geologischen Bildung“ darstellt. Lesen Sie den Auszug aus „Über den Granit“.
a) Arbeiten Sie daraus in Partnerarbeit Goethes Natur- und Weltverständnis heraus.
b) Interpretieren Sie das Gedicht „Ein Gleiches“ vor diesem Hintergrund.

NAME:

DATUM/KURS:

Poetologische Konzepte der Weimarer Klassik erschließen

Johann Wolfgang von Goethe: Natur und Kunst (1800)

Natur und Kunst, sie scheinen sich zu fliehen
Und haben sich, eh' man es denkt, gefunden;
Der Widerwille ist auch mir verschwunden,
Und beide scheinen gleich mich anzuziehen.

Es gilt wohl nur ein redliches Bemühen!
Und wenn wir erst in abgemessnen Stunden
Mit Geist und Fleiß uns an die Kunst gebunden,
Mag frei Natur im Herzen wieder glühen.

So ist's mit aller Bildung auch beschaffen:
Vergebens werden ungebundne Geister
Nach der Vollendung reiner Höhe streben.

Wer Großes will, muss sich zusammenraffen;
In der Beschränkung zeigt sich erst der Meister,
Und das Gesetz nur kann uns Freiheit geben.

Aus: Johann Wolfgang von Goethe: Gedichte, hrsg. und kommentiert von Erich Trunz, Jubiläumsausgabe, München: C. H. Beck Verlag 2007

Info

Begriffe im historischen Kontext

Die zentralen Begriffe im Gedicht sind in der Goethezeit nicht ganz identisch mit unseren Vorstellungen. ***Natur*** ist auch im Sinn von „natürlich", „ungezwungen", „ungekünstelt" zu lesen. Unter ***Kunst*** verstand man nicht nur die „schönen Künste" und das Kunstwerk, sondern auch das „Künstliche", d. h. Kultur und Zivilisation insgesamt. Der Begriff ***Bildung*** ist neben der Bedeutung als „Kunstgebilde" auch im Sinn von „Entwicklung der Persönlichkeit" zu verstehen.

1 Fassen Sie in eigenen Worten das in Goethes Gedicht dargestellte Verhältnis von Natur und Kunst zusammen. Gehen Sie dabei auch auf das Bild des Künstlers ein.

2 In dem Vers „Der Widerwille ist auch mir verschwunden" (V. 3) kommentiert der ältere Goethe den jüngeren. Erläutern Sie diese Anspielung. Gehen Sie dabei auf das Naturverständnis des jungen Goethe („Maifest", „Die Leiden des jungen Werther") und auf dessen Werther-Figur ein.

3 Vergegenwärtigen Sie sich das klassische Naturverständnis anhand von Goethes Zeichnung „Italienische Küstenlandschaft bei Vollmond" sowie seines Tagebucheintrags vom 7. Mai 1787 (Klett Editionen, S. 112 f.). Vergleichen Sie dazu Bild und Text und erläutern Sie die Bedeutung des Verses: „Und beide scheinen gleich mich anzuziehen" (vgl. V. 4).

4 „Und das Gesetz nur kann uns Freiheit geben" (Natur und Kunst, V. 14). Erläutern Sie diesen klassischen Vers
a) im Zusammenhang mit dem Gedicht selbst. Gehen Sie dabei auf die Bauform ein.
b) im Zusammenhang mit der Auffassung von „Freiheit", wie sie Schiller in seinem Kallias-Brief vertritt (vgl. Klett Editionen, S. 114 f.).

5 Erstellen Sie ein Lernplakat, auf dem Sie zusammenfassend die Grundgedanken der klassischen Naturauffassung darstellen. Ziehen Sie dazu auch Schillers Abhandlung „Über naive und sentimentalische Dichtung" (Klett Editionen, S. 115) heran.
Überlegen Sie, ob Sie dieses Plakat mit „Mensch und Natur" oder „Natur und Mensch" überschreiben.

NAME:

DATUM/KURS:

Goethes Symbolbegriff verstehen

Johann Wolfgang von Goethe: Mächtiges Überraschen (1807/08)

Ein Strom entrauscht umwölktem Felsensaale,
Dem Ozean sich eilig zu verbinden;
Was auch sich spiegeln mag von Grund zu Gründen,
Er wandelt unaufhaltsam fort zu Tale.

Dämonisch[1] aber stürzt mit einem Male –
Ihr folgen Berg und Wald in Wirbelwinden –
Sich Oreas[2], Behagen dort zu finden,
Und hemmt den Lauf, begrenzt die weite Schale.

Die Welle sprüht, und staunt zurück und weichet
Und schwillt bergan, sich immer selbst zu trinken;
Gehemmt ist nun zum Vater hin das Streben.

Sie schwankt und ruht, zum See zurückgedeichet;
Gestirne, spiegelnd sich, beschaun das Blinken
Des Wellenschlags am Fels, ein neues Leben.

---

[1] Dämonisch = bei Goethe: erdgebunden, erdhaft.
[2] Oreas = griechische Bergnymphe aus dem Gefolge des Dionysos; eine Figur, die in Berghöhlen lebt und die Feuchtigkeit repräsentiert.

Aus: Johann Wolfgang von Goethe: Gedichte, hrsg. und kommentiert von Erich Trunz, Jubiläumsausgabe, München: C. H. Beck Verlag 2007

1 Lesen Sie Goethes Gedicht „Mächtiges Überraschen“. Entwerfen Sie dazu eine Skizzenfolge. Stellen Sie Ihre Bilder vor und kommentieren Sie diese mit entsprechenden Textverweisen.

2 Untersuchen Sie die Bewegung des Stroms genauer; beachten Sie dabei besonders die Verben und Partizipien. Deuten sie Ihre Ergebnisse inhaltlich.

3 Beschreiben und deuten Sie das zentrale Bild des Gedichts.

4 In seinen Schriften (z. B. „Versuch einer Witterungslehre“) hat sich Goethe immer wieder mit dem Symbolbegriff auseinandergesetzt (vgl. Klett Editionen, S. 116). Fassen Sie in eigenen Worten Eigenschaft und Funktion des Symbols zusammen. Sie können dabei die Begriffe „subjektiv“ und „objektiv“ verwenden.
Erläutern Sie diesen Symbolbegriff an dem Gedicht „Mächtiges Überraschen“. Gehen Sie dabei besonders auf die erste und die letzte Strophe ein.

Johann Wolfgang von Goethe: „Polarität und Steigerung“. Erläuterung zu dem aphoristischen Aufsatz „Die Natur“ (1828)

In diesen Erläuterungen setzt sich Goethe kritisch mit einer Schrift (Fragment aus dem „Tiefurter Journal“, 1783) auseinander, deren zentrale Aussage („Natur! Wir sind von ihr umgeben und umschlungen – unvermögend aus ihr herauszutreten, und unvermögend tiefer in sie hineinzukommen“) der junge Goethe noch geteilt hatte.

Jener Aufsatz [i. e. „Die Natur“] ist mir vor Kurzem aus der brieflichen Verlassenschaft der ewig verehrten Herzogin Anna Amalia mitgeteilt worden; er ist von einer wohlbekannten Hand geschrieben, deren ich mich in den achtziger Jahren in meinen Geschäften zu bedienen pflegte. Dass ich diese Betrachtungen verfasst, kann ich mich faktisch zwar nicht erinnern, allein sie stimmen mit den Vorstellungen wohl überein, zu denen sich mein Geist damals ausgebildet hatte. Ich möchte die Stufe damaliger Sicht einen Komparativ nennen, der seine Richtung gegen einen noch nicht erreichten Superlativ zu äußern gedrängt ist. Man sieht die Neigung zu einer Art von Pantheismus, indem den Welterscheinungen ein unerforschliches, unbedingtes, humoristisches, sich selbst widersprechendes Wesen zum Grunde gedacht ist, und mag

NAME:

DATUM/KURS:

als Spiel, dem es bitterer Ernst ist, gar wohl gelten. Die Erfüllung aber, die ihm fehlt, ist die Anschauung der zwei großen Triebräder aller Natur: der Begriff von Polarität und von Steigerung, jene der Materie, insofern wir sie materiell, diese ihr dagegen, insofern wir sie geistig denken, angehörig; jene ist in immer währendem Anziehen und Abstoßen, diese in immer strebendem Aufsteigen.

Weil aber die Materie nie ohne Geist, der Geist nie ohne Materie existiert und wirksam sein kann, so vermag auch die Materie sich zu steigern, so wie sich's der Geist nicht nehmen lässt, anzuziehen und abzustoßen; wie derjenige nur allein zu denken vermag, der genugsam getrennt hat, um zu verbinden, genugsam verbunden hat, um wieder trennen zu können. […]

Aus: Johann Wolfgang von Goethe. Hamburger Ausgabe, Band 13, Stuttgart: Klett, S. 48

5 Lesen Sie Goethes Erläuterung zum aphoristischen Aufsatz „Die Natur". Stellen Sie die Kernaussagen seiner Idee der „Polarität und Steigerung" zusammen. Wenden Sie Ihr Wissen bei der Deutung des Gedichts „Mächtiges Überraschen" an.

6 Erarbeiten Sie auf der Basis der nachfolgenden Mindmap, wie das klassische Ideal der Ausgewogenheit und der Harmonie in Goethes Gedicht „Mächtiges Überraschen" zum Ausdruck kommt. Arbeiten Sie in Gruppen.

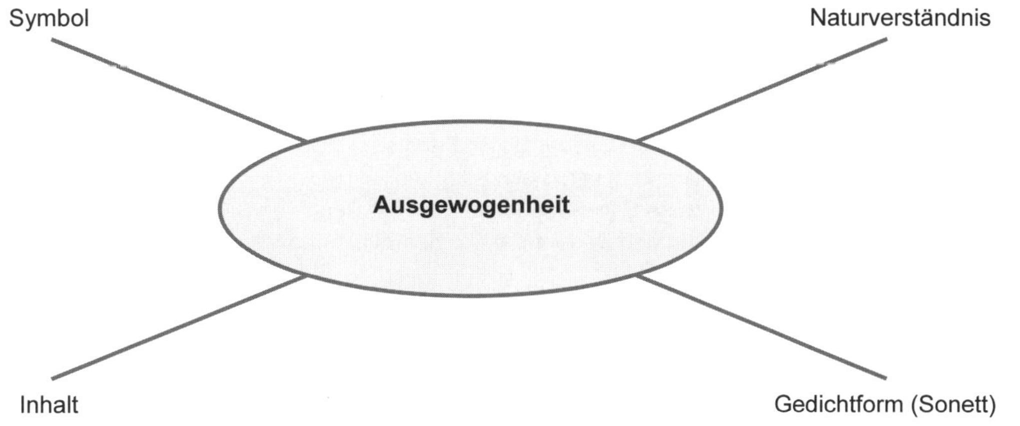

Johann Wolfgang von Goethe: Früh, wenn Tal, Gebirg und Garten (1828)

Früh, wenn Tal, Gebirg und Garten
Nebelschleiern sich enthüllen,
Und dem sehnlichsten Erwarten
Blumenkelche bunt sich füllen,

Wenn der Äther, Wolken tragend,
Mit dem klaren Tage streitet,
Und ein Ostwind, sie verjagend,
Blaue Sonnenbahn bereitet,

Dankst du dann, am Blick dich weidend,
Reiner Brust der Großen, Holden,
Wird die Sonne, rötlich scheidend,
Rings den Horizoont vergolden.

Aus: Johann Wolfgang von Goethe: Gedichte, hrsg. und kommentiert von Erich Trunz, Jubiläumsausgabe, München: C. H. Beck Verlag 2007

7 Lesen Sie das Gedicht „Früh, wenn Tal, Gebirg und Garten".
a) Informieren Sie sich über Entstehungszeit und Entstehungsort und deuten Sie das Gedicht vor dem Hintergrund von Goethes Symbolbegriff.
b) Verfassen Sie einen darstellenden Text zu der Symbolik in diesem Gedicht. Nutzen Sie als Muster die Ausführungen Norbert Mecklenburgs zur Symbolik in Goethes „Rosenlob" (Klett Editionen, S. 117).

NAME:

DATUM/KURS:

Romantisches Naturverständnis kennenlernen

„Schließe dein leibliches Auge, damit du mit dem geistigen Auge siehest dein Bild. Dann fördere zutage, was du im Dunkeln gesehen, dass es zurückwirke auf andere von außen nach innen." (Caspar David Friedrich über die Malerei)

Caspar David Friedrich: Frau vor Morgensonne/Frau vor untergehender Sonne (1818), Öl auf Leinwand, 22 x 30 cm.

Quelle: Artothek, Weilheim

1 Betrachten Sie das Gemälde von Caspar David Friedrich.
a) Beschreiben Sie die Stimmung in diesem Bild.
b) Untersuchen Sie, wie diese Stimmung konstruiert ist. Beachten Sie dabei Bildelemente, Bildaufbau und Raumgestaltung, Haltung und Bedeutung der Zentralfigur sowie die Rolle des Bildbetrachters.

2 Leiten Sie aus dem Bild Rückschlüsse auf das romantische Naturverständnis ab. Beziehen Sie dabei Friedrichs Auffassung von der Malerei (siehe Zitat oben) mit ein.

3 Lesen Sie in den Klett Editionen (S. 27) Joseph von Eichendorffs Gedicht „Frische Fahrt". Vergleichen Sie dieses Gedicht mit dem Bild C. D. Friedrichs. Halten Sie Ihre Beobachtungen zu gemeinsamen Themen und Motiven schriftlich fest.

4 Beschreiben Sie die innere Situation des lyrischen Ich in „Frische Fahrt". Zeigen Sie in einem zweiten Schritt die Bedeutung der Natur für das lyrische Ich. Gehen Sie dabei konkret auf einzelne Elemente der Natur wie Frühling, Fluss/Strom, Wind und Morgenröte ein.

5 Jeder Aufbruch bedeutet sowohl „Entgrenzung" als auch „Gefahr". Verdeutlichen Sie dies anhand des Gedichts. Argumentieren Sie mit Textbelegen. Gehen Sie dabei auch auf die Textform ein.

6 Wählen Sie aus diesen Themen- und Motivbausteinen der Romantik aus, was zu dem Gedicht „Frische Fahrt" passen könnte. Begründen Sie Ihre Auswahl.

Fernweh	Musik	Vereinigung	Sinnlichkeit
Gefühl	Offenheit	Aufbruch	Ironie

7 Wiederholen Sie an Eichendorffs Gedicht „Sehnsucht" (vgl. Klett Editionen, S. 34) den Lernweg in diesem Kapitel. Verfassen Sie dazu einen Text, in dem Sie auf Folgendes eingehen:
- Thema des Gedichts (auf den Titel achten!),
- Beschreibung der äußeren und inneren Situation (Außenwelt und Innenwelt) des lyrischen Ich; damit verbunden ist die Frage nach der Bedeutung der Natur für das lyrische Ich,
- Auffälligkeiten der Gestaltung (Textform, Gestaltungsmittel, lyrische Formelemente) und deren Bezug zum Inhalt des Gedichts,
- romantisches Verständnis von Poesie als „Gemütserregungskunst" (vgl. Novalis, Klett Editionen, S. 118).

NAME:

DATUM/KURS:

Themen und Gestaltungsweisen der Romantik analysieren

Joseph von Eichendorff: Mondnacht (1835)

Es war, als hätt der Himmel
Die Erde still geküsst,
Dass sie im Blütenschimmer
Von ihm nun träumen müsst.

Die Luft ging durch die Felder,
Die Ähren wogten sacht,
Es rauschten leis die Wälder,
So sternklar war die Nacht.

Und meine Seele spannte
Weit ihre Flügel aus,
Flog durch die stillen Lande,
als flöge sie nach Haus.

Aus: Joseph von Eichendorff: Werke in vier Bänden, hrsg. von Wolfdietrich Rasch, Band 1, München: Hanser Verlag 1981

Caspar David Friedrich. Zwei Männer in Betrachtung des Mondes (1819/20), Öl auf Leinwand, 33 x 44,5 cm.

Quelle: BPK (Nationalgalerie, SMB/Jörg P. Anders), Berlin

1 Beschreiben Sie die Zusammenhänge zwischen Bild und Gedicht. Gehen Sie dabei auf Motive, Atmosphäre und die Situation des Menschen ein.

2 Robert Schumann hat Eichendorffs Gedicht vertont. Achten Sie auf die ersten beiden Noten sowie auf die Melodiebewegung der ersten vier Takte und leiten Sie davon Aussagen über Schumanns Textverständnis ab.

Aus: Robert Schumann (1810–1856): Liederkreis op. 39, Nr. 5, Text: Josef von Eichendorff, Mondnacht (1840)
Quelle: Liedzeile gemeinfrei

3 Gliedern Sie das Gedicht inhaltlich, indem Sie die einzelnen Stropheninhalte in eigenen Worten zusammenfassen. Interpretieren Sie die Dreigliedrigkeit des Gedichts im inhaltlichen Zusammenhang.

4 Untersuchen Sie Standort und Blickrichtungen des lyrischen Ich. Interpretieren Sie diese Bewegungen des Blicks bezüglich der Bedeutung der Natur für das Ich. Vergleichen Sie dieses Naturverständnis in „Mondnacht" mit der Rolle der Natur in „Frische Fahrt" (vgl. Klett Editionen, S. 27).

5 Bei der Beschreibung von „Bildern" in Texten unterscheidet man zwischen realen, fotografierbaren Bildern und sprachlichen Bildern (Metapher, Symbol, Vergleich). Untersuchen sie die Bildlichkeit des Gedichts unter diesem Gesichtspunkt. Interpretieren Sie Ihre Ergebnisse.

6 Lesen Sie im Materialienteil der Klett Editionen (S. 120 f.) Wilhelm Wackenroders Aufsatz „Von zwei wunderbaren Sprachen". Fassen Sie die Grundgedanken zusammen. Zeigen Sie an dem Gedicht „Mondnacht" die Eigenschaften der Sprache der Bilder auf.

7 Ergänzen Sie die nachfolgende Untersuchung von Klang und Laut für die nächsten beiden Verse der ersten Strophe von Eichendorffs „Mondnacht". Interpretieren Sie das Ergebnis Ihrer Klanganalyse im Zusammenhang mit dem Inhalt des Gedichts.

Es war, als hätt der Himmel
Die Erde still geküsst

NAME:

DATUM/KURS:

Romantische Chiffren verstehen

Clemens Brentano: Sprich aus der Ferne (1801)

Sprich aus der Ferne
Heimliche Welt,
Die sich so gerne
Zu mir gesellt.

Wenn des Mondes still lindernde Tränen
Lösen der Nächte verborgenes Weh;
Dann wehet Friede. In goldenen Kähnen
Schiffen die Geister im himmlischen See.

Wenn das Abendrot niedergesunken,
Keine freudige Farbe mehr spricht,
Und die Kränze still leuchtender Funken
Die Nacht um die schattigte Stirne flicht:

Wehet der Sterne
Heiliger Sinn
Leis durch die Ferne
Bis zu mir hin.

Wandelt im Dunkeln
Freundliches Spiel,
Still Lichter funkeln
Schimmerndes Ziel.

Glänzender Lieder
Klingender Lauf
Ringelt sich nieder,
Wallet hinauf.

Alles ist freundlich wohlwollend verbunden,
Bietet sich tröstend und traurend die Hand,
Sind durch die Nächte die Lichter gewunden,
Alles ist ewig im Innern verwandt.

Wenn der Mitternacht heiliges Grauen
Bang durch die dunklen Wälder hinschleicht,
Und die Büsche gar wundersam schauen,
Alles sich finster tiefsinnig bezeugt:

Sprich aus der Ferne
Heimliche Welt,
Die sich so gerne
Zu mir gesellt.

Aus: Clemens Brentano: Gedichte, hrsg. von Wolfgang Frühwald u. a., München: Hanser Verlag 1968

1 Rekonstruieren Sie die ursprüngliche Gestalt des Gedichts „Sprich aus der Ferne". Begründen sie Ihre Konstruktion. Gehen Sie dabei auf die zeitliche Abfolge, Textstruktur, inhaltliche Bezüge, Satzstruktur und sprachliche Bilder ein.

2 Erschließen Sie einzelne Themenfelder und Motive, die in diesem Gedicht eine Rolle spielen.

	Religiosität („Wehet der Sterne/Heiliger Sinn"; „heiliges Grauen")	

3 Unterscheiden Sie im Gedicht zwischen sinnlich wahrnehmbarer Außenwelt und subjektiv erfahrener Innenwelt. Legen Sie dazu eine Tabelle an. Fassen Sie Ihre Beobachtungen zusammen.

Äußere Situation/reale Welt	Innerer Zustand/irreale Welt
Mond	still lindernde Tränen in goldenen Kähnen

NAME:

DATUM/KURS:

4 Untersuchen Sie die Bedeutungsaspekte von „Nacht“ in diesem Gedicht. Legen Sie dazu ein Bedeutungscluster an. Beziehen Sie in Ihre Überlegungen die Informationen über die „romantische Chiffre“ (siehe Infobox) ein. Stellen Sie Ihre Ergebnisse im Kurs vor.

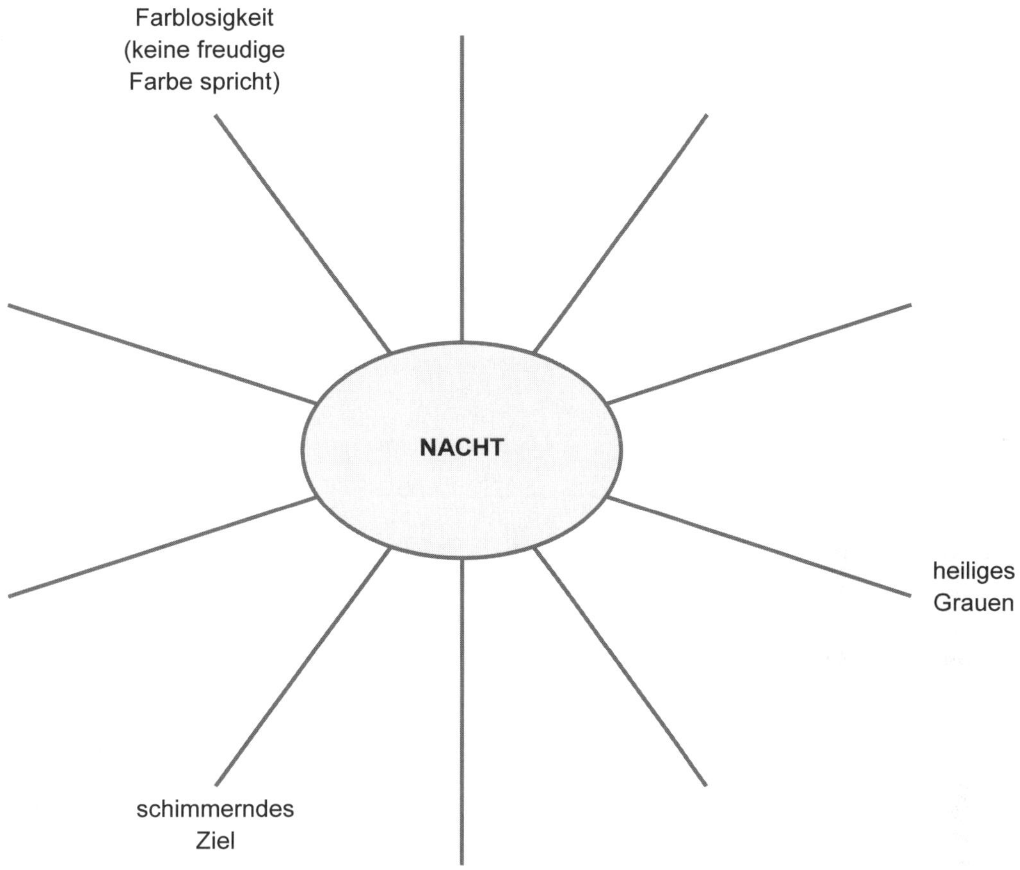

Info

Romantische Chiffre

Die romantische Chiffre bezeichnet einen nicht eindeutig dechiffrierbaren Ausdruck. Dabei handelt es sich um Worte oder Wortverbindungen, deren Bedeutung nicht ihrem Wirklichkeitsgehalt entspricht bzw. sich nicht in ihm erschöpft. Die Bilder und Wörter beziehen sich nur noch scheinbar auf die Gegenstände der Natur, „sie nähern sich dem Charakter der Chiffre, die nicht sich selber meint“ (Walter Killy).

5 Erarbeiten Sie eine umfassende Analyse des Gedichts „Sprich aus der Ferne“. Nutzen Sie dazu das Arbeitsblatt „Eine Stoffsammlung für die Analyse und Interpretation eines Gedichts anlegen“ auf Seite 53.

6 Lesen Sie im Materialienteil der Klett Editionen (S. 118) Novalis’ Aphorismen (Aus den Kunstfragmenten), in denen er seine Ansichten über die romantische Poesie formuliert. Überprüfen Sie, ob und inwieweit das Gedicht „Sprich aus der Ferne“ seinen Gedanken entspricht.

7 Stellen Sie auf der Grundlage der behandelten Gedichte epochentypische Merkmale romantischer Lyrik zusammen. Sie können dazu weitere Gedichte der Romantik heranziehen (Clemens Brentano: Abendständchen; Joseph von Eichendorff: Sehnsucht; Novalis: Wenn nicht mehr Zahlen und Figuren; Heinrich Heine: Das Fräulein stand am Meere, Wahrhaftig; vgl. Klett Editionen, S. 31, 34, 92, 37, 92).

NAME:

DATUM/KURS:

Die Auflösung der Idylle im Realismus erkennen

1 Erläutern Sie an der „Studie eines knorrigen Baumes" Adolph von Menzels den Begriff „Realismus". Gehen Sie dabei auf Thema, Darstellungsweise und Ausdruck ein. Vergleichen Sie Menzels Bild mit den Baumdarstellungen in der Romantik (Klett Editionen, S. 121) und in der Klassischen Moderne (S. 132 f.).

Adolph Menzel: Studie eines knorrigen Baumes (1875–1880), Bleistift auf Papier.

Quelle: bpk – Bildarchiv Preußischer Kulturbesitz

2 Tragen Sie Synonyme für das Wort „Gemüt" zusammen. Erläutern Sie mithilfe der von Ihnen gesammelten Synonyme sowie des folgenden Wörterbuchartikels, was das Wort im Gedicht „Im Frühling" (V. 7) bedeutet.

Info

Gemüt, poetisch noch zuweilen *Gemüte* = mhd. *gemüete,* Kollektivum zu *Mut.* Es bezeichnet urspr. die Gesamtheit der seelischen Kräfte und ist erst in ziemlich junger Zeit speziell als Sitz der inneren Empfindung gefasst […]. Man spricht im 18. Jh. von *Gemütskräften* wie von *Seelenkräften.* […] Frühnhd. erscheint *Gemüt* auch = „Lust, Absicht zu etwas", so noch vereinzelt bei Goethe: *wenn er das Gemüt hat, Vormund von vielen zu sein.*

Aus: Hermann Paul: Deutsches Wörterbuch, bearbeitet von Alfred Schirmer, Halle (Saale): Niemeyer 1956

Eduard Mörike: Im Frühling (1828/1832)

Hier lieg' ich auf dem Frühlingshügel:
Die Wolke wird mein Flügel,
Ein Vogel fliegt mir voraus.
Ach, sag mir, alleinzige Liebe,
Wo du bleibst, dass ich bei dir bliebe!
Doch du und die Lüfte, ihr habt kein Haus.

Der Sonnenblume gleich steht mein Gemüte offen,
Sehnend,
Sich dehnend
In Liebe und Hoffen.
Frühling, was bist du gewillt?
Wann werd ich gestillt?

Die Wolke seh ich wandeln und den Fluss,
Es dringt der Sonne goldner Kuss
Mir tief bis ins Geblüt hinein;
Die Augen, wunderbar berauschet,
Tun, als schliefen sie ein,
Nur noch das Ohr dem Ton der Biene lauschet.

Ich denke dies und denke das,
Ich sehne mich, und weiß nicht recht, nach was:
Halb ist es Lust, halb ist es Klage;
Mein Herz, o sage,
Was webst du für Erinnerung
In golden grüner Zweige Dämmerung?
– Alte unnennbare Tage!

Aus: Eduard Mörike: Sämtliche Werke in vier Bänden, hrsg. von Herbert G. Göpfert, Band 1, München: Hanser Verlag 1981

3 Stellen Sie dar, welche Bereiche des menschlichen Inneren im Gedicht „Im Frühling" von Eduard Mörike durch die Natur noch angesprochen werden.

4 Weisen Sie am Gedicht „Im Frühling" nach, wie sich die Verschiedenartigkeit der inneren Eindrücke und die Unbestimmtheit des Sehnens im Formalen spiegeln.

NAME:

DATUM/KURS:

Gottfried Keller: Winternacht (1846/47)

Nicht ein Flügelschlag ging durch die Welt,
Still und blendend lag der weiße Schnee.
Nicht ein Wölklein hing am Sternenzelt,
Keine Welle schlug im starren See.

Aus der Tiefe stieg der Seebaum auf,
Bis sein Wipfel in dem Eis gefror;
An den Ästen klomm die Nix herauf,
Schaute durch das grüne Eis empor.

Auf dem dünnen Glase stand ich da,
Das die schwarze Tiefe von mir schied;
Dicht ich unter meinen Füßen sah
Ihre weiße Schönheit Glied um Glied.

Mit ersticktem Jammer tastet' sie
An der harten Decke her und hin –
Ich vergess das dunkle Antlitz nie,
Immer, immer liegt es mir im Sinn!

Aus: Gottfried Keller: Die Leute von Seldwyla. Gesammelte Werke, München: Winkler Verlag 1961

5 Lesen Sie das Gedicht „Winternacht" von Gottfried Keller und vergleichen Sie es mit dem Gedicht „Im Frühling". Benennen Sie die Unterschiede in den jeweiligen lyrischen Situationen (Sprecher, Adressat, Raum und Zeit).

6 Setzen Sie die unterschiedlichen lyrischen Situationen in den beiden Gedichten jeweils in Form eines Standbildes um.

Gert Sautermeister: Kellers Naturlyrik

Kellers Naturlyrik ist vielerorts ein Experimentierfeld, auf dem er die literarische Tradition in vielfältigen Abstufungen wiederbelebt, aber auch umgestaltet oder ihr eine eigene Sprache abgewinnt. Romantische Motive werden noch einmal heraufgerufen und doch mit neuen Stilgesten präsentiert. Keller führt die Natur nicht mehr vordringlich als organische Gesamtheit vor, sondern entnimmt ihr einen Bildervorrat, den er zum Gleichnis oder zur Allegorie, zur mehrsinnigen Rätselschrift oder zum skeptisch-ironischen Medium seiner Selbst- und Weltdeutung macht. Im Gebrauch der Natursprache entfaltet das lyrische Ich seine Identitätssuche, reflektiert aber auch überindividuelle Zusammenhänge und erprobt eine ganze Skala neuer Bilder und Töne.

Aus: Gert Sautermeister: Die Lyrik Gottfried Kellers. Exemplarische Interpretationen, Berlin/New York: De Gruyter 2010, S. 9

7 Geben Sie die Aussagen Sautermeisters über die Naturlyrik Kellers in eigenen Worten wieder und überprüfen Sie sie am Beispiel des Gedichts „Winternacht".

8 Erläutern Sie zusammenfassend, welche Funktion das Erleben der Natur für das lyrische Ich in Kellers Gedicht „Winternacht" hat, welche dagegen im Gedicht „Im Frühling" von Eduard Mörike.

9 Lesen Sie Theodor Storms programmatische Äußerungen zur Lyrik im Realismus (vgl. in den Klett Editionen, S. 124). Diskutieren Sie, ob und inwiefern sie auf die Gedichte von Mörike und Keller zutreffen. Nennen Sie in diesem Zusammenhang mögliche Gründe dafür, weshalb Gottfried Keller die folgende Schlussstrophe seines Gedichts „Winternacht" später wieder gestrichen hat.

Gottfried Keller: Winternacht (1846)

(Schlussstrophe der Erstfassung)
Als ein halber Stern vom Himmel fiel,
Fuhr sie schreiend in die Tiefe hin.
Mich durchschauerte ein bang Gefühl,
Wie wenn ich die eigne Seele sah.

Aus: Gert Sautermeister: Die Lyrik Gottfried Kellers. Exemplarische Interpretationen, Berlin/New York: De Gruyter 2010, S. 18

10 Vergleichen Sie das Gedicht „Winternacht" von Gottfried Keller mit dem Gedicht „Mondnacht" von Joseph von Eichendorff (vgl. Klett Editionen, S. 35). Zeigen Sie jeweils epochenspezifische Besonderheiten auf.

NAME:

DATUM/KURS:

Die Natur als Gegenstand symbolischer Abstraktion untersuchen

August Langmesser: Conrad Ferdinand Meyer

[…] Nicht lange nach der Heimkehr vertauschte Meyer den Seehof zu Küsnacht mit dem Seehof in Meilen[1]. Das neue Heim, ein geräumiges, altertümliches Landhaus, lag nicht nur dicht am Ufer, sondern hatte auch einen dem See abgerungenen, von Kastanienbäumen beschatteten Garten. Unter dem Gitter des Blätterwerks der „schwarzschattenden Kastanien" verbrachte der Dichter schattenfrohe Stunden. Hier sann er seinem „Amulett"[2] nach, an dem seine Fantasie schon in Wolfgang gesponnen. Im Winter 1872 auf 1873 goss er die Novelle in jene knappe, fast skizzenhafte Form, in der er sie in die Welt hinausschickte. […]

[1] Sowohl Meilen wie Küsnacht sind Ortschaften am Ostufer des Zürichsees.
[2] Novelle über die Bartholomäusnacht (auch: Pariser Bluthochzeit) vom 23. auf den 24. August 1752, bei der es zu massenhaften Morden an den französischen Protestanten, den Hugenotten, kam.

Aus: August Langmesser: Conrad Ferdinand Meyer: Sein Leben, seine Werke und sein Nachlass, Berlin: Verlag von Wiegandt & Grieben 1905, S. 76

1 Lesen Sie die biografische Notiz zu Conrad Ferdinand Meyer und halten Sie auf der Grundlage der darin enthaltenen Informationen Ihre Erwartungen an ein Gedicht mit dem Titel „Schwarzschattende Kastanie" stichwortartig fest.

2 Lesen Sie nun das Gedicht „Schwarzschattende Kastanie" von Conrad Ferdinand Meyer und vergleichen Sie Ihre ersten Lektüreeindrücke mit Ihren Erwartungen. Benennen Sie Unterschiede und Gemeinsamkeiten. Beziehen Sie sich auf den Gedichttext.

Conrad Ferdinand Meyer: Schwarzschattende Kastanie (1882)

Schwarzschattende Kastanie,
Mein windgeregtes Sommerzelt,
Du senkst zur Flut dein weit Geäst
Dein Laub es durstet und es trinkt,
Schwarzschattende Kastanie!
Im Porte badet junge Brut
Mit Hader oder Lustgeschrei
Und Kinder schwimmen leuchtend weiß
Im Gitter deines Blätterwerks,
Schwarzschattende Kastanie!
Und dämmern See und Ufer ein
Und rauscht vorbei das Abendboot,
So zuckt aus roter Schiffslatern
Ein Blitz und wandert auf dem Schwung
Der Flut, gebrochnen Lettern gleich,
Bis unter deinem Laub erlischt
Die rätselhafte Flammenschrift,
Schwarzschattende Kastanie!

Aus: Conrad Ferdinand Meyer: Gedichte. Erweiterte Ausgabe, Altenmünster: Jazzybee Verlag 2013, S. 7

3 Lesen das Gedicht noch einmal gründlich und gliedern Sie es in drei Abschnitte. Achten Sie sowohl auf den Inhalt als auch auf die Form. Begründen Sie Ihre Einteilung stichwortartig. Übernehmen Sie dazu die folgende Tabelle.

	Inhalt	Form
Vers 1 – Vers		
Vers – Vers		
Vers – Vers		

NAME:

DATUM/KURS:

4 Zeigen Sie zwischen den drei Abschnitten des Gedichts sowohl Gegensätze als auch inhaltliche Entwicklungen auf.

5 Erläutern Sie das Bild „rätselhafte Flammenschrift“ (V. 17): Was wird mit dem Ausdruck in der beschriebenen Situation konkret bezeichnet?

Heinrich Heine: Belsazar (1844)

Im Buch Daniel aus dem Alten Testament wird eine Episode erzählt, in der während eines Banketts des babylonischen Königs Belsazar eine geisterhafte Hand erscheint und eine rätselhafte Schrift auf einer Wand hinterlässt, die schließlich der Prophet Daniel als Zeichen des nahenden Untergangs des Babylonischen Reiches zu deuten vermag. Heine gibt die Episode in seiner Ballade wie folgt wieder:

[…]
Das gellende Lachen verstummte zumal;
Es wurde leichenstill im Saal.

Und sieh! Und sieh! An weißer Wand,
Da kam's hervor wie Menschenhand;

Und schrieb, und schrieb an weißer Wand
Eine leuchtende Flammenschrift – und schwand.

Der König stieren Blicks dasaß
Mit schlotternden Knien und totenblass.

Die Knechtenschar saß, kalt durchgraut,
Und saß gar still, gab keinen Laut.

Die Magier kamen, doch keiner verstand
zu deuten die Schrift an Saaleswand.

Belsazar ward aber in selbiger Nacht
Von seinen Knechten umgebracht.

Aus: Echtermeyer. Deutsche Gedichte. Von den Anfängen bis zur Gegenwart, Auswahl für Schulen, hrsg. v. Elisabeth K. Paefgen u. Peter Geist, Berlin: Cornelsen 2010, S. 399

6 Lesen Sie den Auszug aus der Ballade „Belsazar“ von Heinrich Heine und deuten Sie den Ausdruck „rätselhafte Flammenschrift“ aus dem Gedicht „Schwarzschattende Kastanie“ von 1882 im biografischen sowie im literarischen bzw. historischen Kontext.

____

____

____

____

7 Von Conrad Ferdinand Meyers Lyrik wird oft gesagt, sie markiere den Epochenumbruch vom Realismus zur Moderne: Zum einen überwinde sie den poetischen Subjektivismus (sie sei also „objektiv“) und zum anderen sei sie durch ihren symbolischen Gehalt für die Leser deutungsoffen. Überprüfen Sie diese Aussage am Beispiel des Bildes der „schwarzschattenden Kastanie“. Beachten Sie hierbei auch die inhaltlichen Gegensätze und Entwicklungen im Gedicht (vgl. Aufgabe 4).

NAME:

DATUM/KURS:

Die Ästhetik des Symbolismus kennenlernen

Charles Baudelaire: Correspondances (1857)

Die Natur ist ein Tempel, wo lebendige Pfeiler
Manchmal wirre Worte aus sich entlassen;
Der Mensch geht dort durch Wälder von Symbolen,
Die ihn mit vertrauten Blicken betrachten.

Aus: Charles Baudelaire: Baudelaire 1848. Gedichte der Revolution, hrsg. und kommentiert von Oskar Sahlberg unter Mitarbeit von Peter Fischer, Berlin: Wagenbach 1977, S. 32

1 Das Gedicht „Correspondances" gilt als Schlüsselwerk des Symbolismus. Lesen Sie die erste Strophe des Gedichts und geben Sie in Ihren eigenen Worten wieder, wie die Natur und ihr Verhältnis zum Menschen dort bestimmt werden.

____

____

____

2 Notieren Sie Ihre Assoziationen und Fragen zum Ausdruck „totgesagter Park".

Stefan George: Komm in den totgesagten park und schau (1897)

Komm in den totgesagten park und schau:
Der schimmer ferner lächelnder gestade.
Der reinen wolken unverhofftes blau
Erhellt die weiher und die bunten pfade.

Dort nimm das tiefe gelb, das weiche grau
Von birken und von buchs, der wind ist lau.
Die späten rosen welkten noch nicht ganz.
Erlese küsse sie und flicht den kranz.

Vergiss auch diese letzten astern nicht.
Den purpur um die ranken wilder reben
Und auch was übrig blieb von grünem leben
Verwinde leicht im herbstlichen gesicht.

Aus: Stefan George: Das Jahr der Seele, Stuttgart: Klett-Cotta Verlag 1987

3 Lesen Sie das Gedicht von Stefan George und beschreiben Sie die lyrische Situation.

4 Bereiten Sie das Gedicht „Komm in den totgesagten park und schau" zum Vorlesen vor. Beachten Sie die lyrische Situation.

5 „Komm in den totgesagten park und schau" leitet den Gedichtband „Das Jahr der Seele" von Stefan George ein. Lesen Sie die Hinweise von Joachim W. Storck zu diesem Gedichtband.
a) Überprüfen Sie die dort getroffenen Aussagen am Gedicht „Komm in den totgesagten park und schau".
b) Setzen Sie die Textaussagen in Beziehung zum Gedicht „Correspondances" von Baudelaire (vgl. Aufgabe 1).

Joachim W. Storck: Das Jahr der Seele

Das Ich begegnet darin [i. e. in den Gedichten der Anthologie „Das Jahr der Seele"] der Natur nicht erlebnishaft; es verschmilzt nicht mit ihr. Sie bildet vielmehr den Hintergrund und das symbolische Äquivalent für die Zwiesprache der Seele mit sich selbst und für Begegnungen des Ichs mit einem Du. Sie evoziert oder spiegelt die „Stimmung" eines Gedichts. Daher erscheint sie auch nie in deutlicher und individueller Ausprägung, sondern nur in suggestiven Einzelzügen, in Farben oder Tönen angedeutet. Vor allem tritt die Natur in den Gedichten dieser Sammlung stets als gebändigte, vom Menschen gestaltete Landschaft auf [...].

Aus: Kindlers Neues Literatur Lexikon, hrsg. v. Walter Jens, Band 6, München: Kindler 1996, S. 229

NAME:

DATUM/KURS:

Dieter Burdorf: Dinggedichte

Der Begriff wurde von Kurt Oppert in einem noch immer lesenswerten Aufsatz (1926) geprägt: Im Gegensatz zur objektiven „Stimmungslyrik" sei das Dinggedicht „auf unpersönliche, episch-objektive Beschreibung des Seienden angelegt. Als Vorläufer werden Mörikes Gedicht „Auf eine Lampe" und Conrad Ferdinand Meyers Gedicht „Der römische Brunnen" angesehen: als Hauptvertreter gilt aber bis heute Rilke mit zahlreichen Texten aus der zweiteiligen Sammlung „Neue Gedichte" (1907/08); danach hat diese Darstellungsform an Bedeutung verloren. Die Konzentration des Gedichts auf die Beschreibung eines einzigen Gegenstandes der materiellen Welt wirkt ungewöhnlich. Häufig stellt sich daher der Effekt ein, dass der Gegenstand mit einer begrifflich schwer fassbaren symbolischen Bedeutung aufgeladen zu sein scheint. Die Beschreibung kann als Ausdruck einer meditativen Betrachtung angesehen werden […].

Aus: Dieter Burdorf: Einführung in die Gedichtanalyse, Stuttgart: Metzler 1997, S. 211 f.

6 Lesen Sie den Text „Dinggedichte" von Dieter Burdorf und erläutern Sie in Ihren eigenen Worten, was ein Dinggedicht ist.

____

____

____

____

Rainer Maria Rilke: Blaue Hortensie (1907)

So wie das letzte Grün in Farbentiegeln
sind diese Blätter, trocken, stumpf und rau,
hinter den Blütendolden, die ein Blau
nicht auf sich tragen, nur von ferne spiegeln.

Sie spiegeln es verweint und ungenau,
als wollten sie es wiederum verlieren,
und wie in alten blauen Briefpapieren
ist Gelb in ihnen, Violett und Grau;

Verwaschnes wie an einer Kinderschürze,
Nichtmehrgetragnes, dem nichts mehr geschieht:
wie fühlt man eines kleinen Lebens Kürze.

Doch plötzlich scheint das Blau sich zu verneuen
in einer von den Dolden, und man sieht
ein rührend Blaues sich vor Grünem freuen.

Aus: Rainer Maria Rilke: Die Gedichte in einem Band,
Frankfurt am Main: Insel Verlag 1986

7 Lesen Sie das Gedicht „Blaue Hortensie" von Rainer Maria Rilke und stellen Sie dar, welchen menschlichen Bereichen die Blume zugeordnet wird. Leiten Sie aus Ihren Überlegungen ab, welchen Vorgang die Beschreibung symbolisiert.

8 Stellen Sie dar, welche Einstellung zur Pflanze der Sprecher im Gedicht hat.

9 Erarbeiten Sie im Materialienteil der Klett Editionen (S. 128) Hermann Bahrs Äußerungen über den Symbolismus. Fassen Sie diese kurz zusammen.

10 Lesen Sie die Gedichte von George und Rilke noch einmal vergleichend. Prüfen Sie, ob es sich bei beiden um Gedichte des Symbolismus im Sinne Hermann Bahrs handelt.

NAME:

DATUM/KURS:

Epochenumbrüche im Stilwandel erkennen

Hugo von Hofmannsthal: Gespräch über Gedichte (1904)

Sind nicht die Gefühle, die Halbgefühle, alle die geheimsten und tiefsten Zustände unseres Inneren in der seltsamsten Weise mit einer Landschaft verflochten, mit einer Jahreszeit, mit einer Beschaffenheit der Luft, mit einem Hauch? Eine gewisse Bewegung, mit der du von einem hohen Wagen abspringst; eine schwüle sternlose Sommernacht; der Geruch feuchter Steine in einer Hausflur; das Gefühl eisigen Wassers, das aus einem Laufbrunnen über deine Hände sprüht: an ein paar tausend solcher Erdendinge ist dein ganzer innerer Besitz geknüpft, alle deine Aufschwünge, alle deine Sehnsucht, alle deine Trunkenheiten.

Aus: Hugo von Hofmannsthal: Gespräch über Gedichte, in: Die neue Rundschau, 2/1904, Februar, S. 129–139, hier: S. 130 f.

1 Lesen Sie die Aussage Hugo von Hofmannsthals und fassen Sie sie in Ihren eigenen Worten zusammen.

Hugo von Hofmannsthal: Vorfrühling (1892/1904)

Es läuft der Frühlingswind
Durch kahle Alleen,
Seltsame Dinge sind
In seinem Wehn.

Er hat sich gewiegt,
Wo Weinen war,
Und hat sich geschmiegt
In zerrüttetes Haar.

Er schüttelte nieder
Akazienblüten
Und kühlte die Glieder,
Die atmend glühten.

Lippen im Lachen
Hat er berührt,
Die weichen und wachen
Fluren durchspürt.

Er glitt durch die Flöte,
Als schluchzender Schrei,
An dämmernder Röte
Flog er vorbei.

Er flog mit Schweigen
Durch flüsternde Zimmer
Und löschte im Neigen
Der Ampel[1] Schimmer.

Es läuft der Frühlingswind
Durch kahle Alleen,
Seltsame Dinge sind
In seinem Wehn.

Durch die glatten
Kahlen Alleen
Treibt sein Wehn
Blasse Schatten

Und den Duft,
Den er gebracht,
Von wo er gekommen
Seit gestern Nacht.

[1] *Im Österreichischen auch Bezeichnung für einen hängenden Blumen(über)topf.*

Aus: Hugo von Hofmannsthal: Gedichte, Frankfurt am Main: Insel Verlag 1964

2 Lesen Sie Hofmannsthals Gedicht „Vorfrühling" und beziehen Sie den Gesprächsbeitrag des Dichters auf den Gedichtinhalt. Formulieren Sie den Zusammenhang.

3 Benennen Sie, was in dem Gedicht „Vorfrühling" beschrieben wird. Beachten Sie dabei die zeitliche und räumliche Struktur des Gedichts.

4 Untersuchen Sie arbeitsteilig in Gruppen das Gedicht „Vorfrühling" unter folgenden formalen Aspekten genauer: Reim, Metrik und Klangfiguren.
Informieren Sie sich gegenseitig über Ihre Arbeitsergebnisse. Besprechen Sie anschließend, wie das Gedicht vorgetragen werden kann.

NAME:

DATUM/KURS:

August Stramm: Vorfrühling (1914/15)

Pralle Wolken jagen sich in Pfützen
Aus frischen Leibesbrüchen schreien Halme Ströme
Die Schatten stehn erschöpft.
Auf kreischt die Luft
Im Kreisen, weht und heult und wälzt sich
Und Risse schlitzen jählings sich
und narben
Am grauen Leib.

Das Schweigen tappet schwer herab
Und lastet!
Da rollt das Licht sich auf
Jäh gelb und springt
Und Flecken spritzen –
Verbleicht
Und
Pralle Wolken tummeln sich in Pfützen.

Aus: August Stramm: Das Werk, hrsg. v. René Radrizzani, Wiesbaden: Limes Verlag 1963

5 Lesen Sie das Gedicht „Vorfrühling" von August Stramm und halten Sie Ihre ersten Leseeindrücke stichwortartig fest.

6 Besprechen Sie, wie das Gedicht vorgetragen werden kann. Begründen Sie Ihre Einschätzung aus dem Gedichttext heraus.

7 Vergleichen Sie die beiden Gedichte von Hofmannsthal und Stramm. Benennen Sie Unterschiede und Gemeinsamkeiten mithilfe der folgenden Tabelle.

	Hofmannsthal: Vorfrühling	**Stramm: Vorfrühling**
Thema		
Sprecher		
Motive		
Klangfiguren		
Sprachliche Bilder		

8 Beschreiben Sie Stramms Sprachverwendung. Stellen Sie eine thematisch begründete Vermutung über die Gründe dafür an.

9 Diskutieren Sie, ob die beiden Gedichte von Hofmannsthal und Stramm unter dem Aspekt Auflösung der Ich-Identität und der Ich-Erfahrung zusammengefasst werden können.

NAME:

DATUM/KURS:

Den Wandel des Naturbildes im Expressionismus analysieren

Holzschnitt der Bamberger Frühdrucke aus der Schrift „Der Ackermann aus Böhmen" (um 1400) des Johannes von Tepl.

Quelle: akg-images (bildwissedition), Berlin

Georg Heym: Printemps (1911/12)

Ein Feldweg, der in weißen Bäumen träumt,
In Kirschenblüten, zieht fern über Feld.
Die hellen Zweige, feierlich erhellt,
Zittern im Abend, wo die Wolke säumt,

Ein düstrer Berg, den Tag mit goldnem Grat,
Ganz hinten, wo ein kleiner Kirchturm blinkt.
Das Glöckchen sanft im lichten Winde klingt
Herüber goldnen Tons auf grüner Saat.

Ein Ackerer geht groß am Himmelsrand.
Davor, wie Riesen schwarz, der Stiere Paar,
Ein Dämon vor des Himmels tiefer Glut.

Und eine Mühle fasst der Sonne Haar
Und wirbelt ihren Kopf von Hand zu Hand
Auf schwarze Au, der langsam sinkt, voll Blut.

Aus: Georg Heym: Das lyrische Werk, aufgrund der Gesamtausgabe hrsg. v. Karl Ludwig Schneider, München: Deutscher Taschenbuch Verlag 1977

1 Betrachten Sie den Holzschnitt zum „Ackermann aus Böhmen" des Johannes von Tepl (ca. 1350–1414) und beschreiben Sie, welche Kontraste in ihm sichtbar werden.

2 Lesen Sie nun das Gedicht „Printemps" von Georg Heym und vergleichen Sie die dort geschilderte Landschaft mit dem Holzschnitt. Benennen Sie – mit Blick auf zentrale Bildelemente und deren Komposition – Gemeinsamkeiten und Unterschiede.

3 Vergleichen Sie die beiden ersten Strophen des Gedichts „Printemps" mit dem Gedicht „Im Frühling" von Eduard Mörike (vgl. Klett Editionen, S. 40). Arbeiten Sie Gemeinsamkeiten und Unterschiede mit Blick auf formale Gestaltung, Motive und die lyrische Situation heraus.

4 Das Gedicht „Printemps" spiegelt einen Wandel des Naturbildes hin zum Expressionismus. Beschreiben Sie diesen Wandel. Vergleichen Sie dazu die beiden Quartette mit den Terzetten.

5 Wählen Sie aus dem Gedicht „Printemps" den Vers oder das Verspaar aus, das Ihrer Ansicht nach die Kernaussage des Gedichts am besten erfasst. Begründen Sie Ihre Meinung.

6 Lesen Sie im Materialienteil der Klett Editionen (S. 134) den Auszug aus Kasimir Edschmids Schrift „Über den dichterischen Expressionismus" und stellen Sie dar, welche Bezüge das Gedicht „Printemps" zum Expressionismus in der Dichtung aufweist.

NAME:

DATUM/KURS:

7 Halten Sie stichwortartig Ihre Erwartungen an ein Gedicht mit dem Titel „Blaue Aster“ fest. Worauf gründen sich Ihre Erwartungen?

___

___

___

___

Gottfried Benn: Kleine Aster

Ein besoffener Bierfahrer wurde auf den Tisch gestemmt.
Irgendeiner habe ihm eine dunkelhelllila Aster
Zwischen die Zähne geklemmt.
Als ich von der Brust aus
unter der Haut
mit einem langen Messer
Zunge und Gaumen herausschnitt,
muss ich sie angestoßen haben, denn die glitt
in das nebenliegende Gehirn.
Ich packte sie ihm in die Brusthöhle
zwischen die Holzwolle,
als man zunähte.
Trinke dich satt in deiner Vase!
Ruhe sanft,
kleine Aster!

Aus: Gottfried Benn: Gesammelte Werke in drei Bänden, hrsg. v. Dieter Wellershoff, Band 1, Frankfurt am Main: Zweitausendeins Verlag 2003. Copyright Klett-Cotta Verlag, Stuttgart 1977

8 Lesen Sie nun den Text „Kleine Aster“ von Gottfried Benn und bestimmen Sie, wie Benn die Erwartungen bricht. Beziehen Sie auch formale Aspekte in Ihre Überlegungen mit ein.

9 Diskutieren Sie, welche Absicht(en) Benn mit seinem Gedicht verfolgt.

Thomas Homscheid: Zwischen Lesesaal und Lazarett

Die Gedichte [der Gedichtsammlung „Morgue“] bildeten 1912 den Auftakt für das literarische Schaffen des soeben promovierten Arztes Benn und begründeten bis heute seinen Ruhm als maßgeblicher Lyriker des Expressionismus, da sie, wie Ernst Stadler schreibt, so gründlich „mit dem lyrischen Ideal der Blaublümeleinritter aufräum[en]“. Neben der Stoffwahl, die der traditionellen Lyrik antagonal gegenüber steht und sich unmittelbar aus Benns Tätigkeit als Pathologe nährt, ist es im Wesentlichen der distanzierte Berichtsstil der Gedichte, der als kompositorisches Merkmal den Leser zunächst irritiert und dem Zynismus scheinbar den Weg ebnet.

Aus: Thomas Homscheid: Zwischen Lesesaal und Lazarett. Der medizynische Diskurs in Gottfried Benns Frühwerk, Würzburg: Königshausen und Neumann 2005, S. 64

10 Vergleichen Sie Ihre Arbeitsergebnisse aus den Aufgaben 8 und 9 mit den Aussagen im Text von Thomas Homscheid.

11 Diskutieren Sie: Ist der Text „Kleine Aster“ von Gottfried Benn überhaupt ein (Natur-)Gedicht?

NAME:

DATUM/KURS:

Dichtung als Definition der Realität nach 1945 erkennen

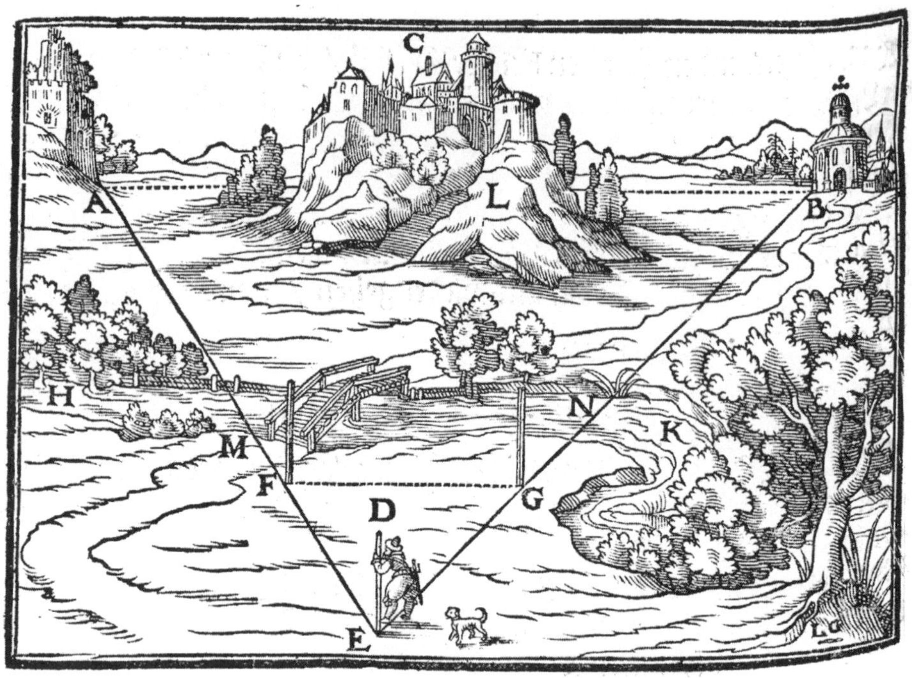

Historische Abbildung zur Vermessung eines Geländes mithilfe eines Dreiecks (1667).

Quelle: SLUB Dresden/Deutsche Fotothek

1 Recherchieren Sie, was man unter einem trigonometrischen Punkt versteht und welche Funktion er hat.

Günter Eich: Der große Lübbe-See

Kraniche, Vogelzüge,
deren ich mich entsinne,
das Gerüst des trigonometrischen Punkts.

Hier fiel es mich an,
vor der dunklen Wand des hügeligen Gegenufers,
der Beginn der Einsamkeit,
ein Lidschlag, ein Auge,
das man ein zweites Mal nicht ertrüge,
das Taubenauge mit sanftem Vorwurf,
als das Messer die Halsader durchschnitt,
der Beginn der Einsamkeit,
hier ohne Boote und Brücken,
das Schilf der Verzweiflung,
der trigonometrische Punkt,
Abmessung im Nichts,
während die Vogelzüge sich entfalten,
Septembertag ohne Wind,
güldene Heiterkeit, die davonfliegt,
auf Kranichflügeln, spurlos.

Aus: Günter Eich: Botschaften des Regens,
Frankfurt am Main: Suhrkamp Verlag 1955

2 Lesen Sie das Gedicht „Der große Lübbe-See“ von Günter Eich und bezeichnen Sie den Standpunkt des Sprechers.

NAME:

DATUM/KURS:

3 Analysieren Sie, wie die Natur auf den Sprecher des Gedichts „Der große Lübbe-See“ wirkt.

4 Erläutern Sie, mit welchen Bildern die „Einsamkeit“ veranschaulicht wird.

5 Lesen Sie im Materialienteil der Klett Editionen (S. 140) die Auszüge aus der programmatischen Rede „Der Schriftsteller vor der Realität“ von Günter Eich. Fassen Sie die Hauptaussagen zusammen.

6 Beziehen Sie Ihre Arbeitsergebnisse aus Aufgabe 5 auf den Gedichttext „Der große Lübbe-See“.

Johannes Bobrowski: Ebene (1960)

See.
Der See.
Versunken
die Ufer. Unter der Wolke
der Kranich. Weiß, aufleuchtend
der Hirtenvölker
Jahrtausende. Mit dem Wind

kam ich herauf den Berg.
Hier werd ich leben. Ein Jäger
war ich, einfing mich
aber das Gras.

Lehr mich reden, Gras,
lehr mich tot sein und hören,
lange, und reden, Stein,
lehr du mich bleiben, Wasser,
frag mir, und Wind, nicht nach.

Aus: Johannes Bobrowski: Gesammelte Werke, hrsg. v. Eberhard Haufe, Band 1, Stuttgart: Deutsche Verlags-Anstalt 1998

7 Lesen Sie das Gedicht „Ebene“ von Johannes Bobrowski und beschreiben Sie die lyrische Situation.

8 Vergleichen Sie die lyrische Situation im Gedicht „Ebene“ mit der im Gedicht „Der große Lübbe-See“ und benennen Sie Gemeinsamkeiten und Unterschiede. Erläutern Sie auf der Grundlage Ihrer Arbeitsergebnisse, wie die Sprecher jeweils zur Natur stehen.

Michael Braun: Bobrowski

Im Unterschied zu dem als Hermetiker titulierten und auch missverstandenen Paul Celan besaß Bobrowski ein „ungebrochenes Vertrauen in die Wirksamkeit des Verses“, wie er gegenüber seinem zeitweiligen poetischen Weggefährten Peter Jokostra erklärte. In fast allen Gedichten arbeitet Bobrowski mit magischen Evokationen, mit bestimmten Naturzeichen als Schlüsselwörtern: Sand, Ebene, Nacht, Ufer, Strom, Wald, Himmel und so weiter. Sie werden in das Gedicht als auratische Objekte eingeführt und in drängendem, oft atemlosem Sprachduktus weiter evokativ aufgeladen. Christoph Meckel hat in seinem famosen Erinnerungsbuch an Johannes Bobrowski, einem unüberbietbar genauen Porträt des Dichters, diese lyrische Technik seines Freundes analysiert: „Ein Wort, oft ein Substantiv, wird in den Raum gesetzt, unwiderruflich, ein lyrischer Findling. Die vollkommene Gegenständlichkeit und die vollkommene Abstraktion des einzelnen Worts wird zum Grundstein der Versfigur. Mit Substantiven wird der Vers aus der Sprachlosigkeit herausgeschlagen, mit Substantiven wird er aufgebaut. Aus Substantiven und Härte des Satzbaus löst sich danach der rhythmische Ablauf des Gedichts, variiert in Erzählung, Bericht, Beschwörung, bei ständiger Wiederkehr der Schlüsselwörter […] und endet in melodischem Finale.“

Aus: Michael Braun: Die Werkausgabe. Die Gedichte, Gedichte aus dem Nachlaß, Erläuterungen der Gedichte von Johannes Bobrowski. Online unter: http://www.deutschlandfunk.de/die-werkausgabe.700.de.html?dram:article_id=79284 (eingesehen am 31. Oktober 2014)

9 Lesen Sie den Text von Michael Braun und beziehen Sie dessen Aussagen auf den Gedichttext „Ebene“.

10 Vergleichen Sie die lyrischen Verfahren von Günter Eich und Johannes Bobrowski.

NAME:

DATUM/KURS:

Hermetische Lyrik interpretieren

Ingeborg Bachmann: Die große Fracht (1953)

Die große Fracht des Sommers ist verladen,
das Sonnenschiff im Hafen liegt bereit,
wenn hinter dir die Möwe stürzt und schreit.
Die große Fracht des Sommers ist verladen.

Das Sonnenschiff im Hafen liegt bereit,
und auf die Lippen der Galionsfiguren
tritt unverhüllt das Lächeln der Lemuren.
Das Sonnenschiff im Hafen liegt bereit.

Wenn hinter dir die Möwe stürzt und schreit,
kommt aus dem Westen der Befehl zu sinken;
doch offnen Augs wirst du im Licht ertrinken,
wenn hinter dir die Möwe stürzt und schreit.

Aus: Ingeborg Bachmann: Gedichte, München: Piper Verlag 1978

Nach dem Glauben der alten Ägypter fuhr der Sonnengott Re tagsüber mit der Sonnenbarke über den Himmelsbogen, nachts durchquerte er damit das Wasser der Unterwelt.

Der falkenköpfige Sonnengott Re in seiner Barke (um 1295–1186 v. Chr.), Wandmalerei im Grab des Sennedjem (TT 1) in Deir el-Medinah (Theben-West, Ägypten), Ostwand, Innenansicht.

Quelle: akg-images (François Guénet), Berlin

1 Lesen Sie das Gedicht „Die große Fracht" von Ingeborg Bachmann und stellen Sie den Gedichtinhalt in Gruppen szenisch dar. Vergleichen und bewerten Sie Ihre Umsetzungen.

2 Untersuchen Sie die formale Gestaltung des Gedichts.

3 Deuten Sie das Bild des Sonnenschiffs im Gedicht „Die große Fracht".

4 „Die große Fracht" erschien in Bachmanns Gedichtband „Die gestundete Zeit" von 1953.
Deuten Sie das Gedicht im Kontext dieses Titels. Beachten Sie auch die Infobox zur „hermetischen Lyrik".

Info

Hermetische Lyrik

Die sogenannte hermetische Lyrik ist nach 1945 entstanden und knüpft an den Symbolismus an.
Die Bedeutung dieser Lyrik erschließt sich nicht unmittelbar aus den Wortbedeutungen, vielmehr ist die Sprache durch Chiffren „verrätselt". Bekanntestes und zugleich anschaulichstes Beispiel einer solchen Chiffre ist Paul Celans „Schwarze Milch der Frühe" (aus dem Gedicht „Todesfuge" von 1952).

NAME:

DATUM/KURS:

Dem Fährmann Charon, der nach antiker Vorstellung die Toten über die Unterweltströme zum Todesreich brachte, musste ein Fährgeld gezahlt werden, weshalb man den Toten vor ihrer Bestattung eine Münze unter die Zunge oder zwischen die Zähne schob.

Gustave Doré (1832–1883): Charon (1861–1868), Illustration zu Dantes „Göttlicher Komödie".

Quelle: Corbis (Bettmann), Berlin

Günter Eich: Ende eines Sommers (1955)

Wer möchte leben ohne den Trost der Bäume!

Wie gut, dass sie am Sterben teilhaben!
Die Pfirsiche sind geerntet, die Pflaumen färben sich,
während unter dem Brückenbogen die Zeit rauscht.

Dem Vogelzug vertraue ich meine Verzweiflung an.
Er mißt seinen Teil von Ewigkeit gelassen ab.
Seine Strecken
werden sichtbar im Blattwerk als dunkler Zwang,
die Bewegung der Flügel färbt die Früchte.

Es heißt Geduld haben.
Bald wird die Vogelschrift entsiegelt,
unter der Zunge ist der Pfennig zu schmecken.

Aus: Günter Eich: Botschaften des Regens, Frankfurt am Main: Suhrkamp Verlag 1955

5 Lesen Sie das Gedicht „Ende eines Sommers" von Günter Eich und benennen Sie die Bilder, in welchen das Vergehen der Zeit gefasst wird.

6 Deuten Sie das Gedicht „Ende eines Sommers", indem Sie das Verhältnis des Sprechers im Gedicht zur Natur erläutern.

7 Zeigen Sie zwischen den Gedichten „Ende eines Sommers" von Günter Eich und „Die große Fracht" von Ingeborg Bachmann motivische Parallelen auf.

8 Lesen Sie in den Klett Editionen die Gedichte „Hälfte des Lebens" von Friedrich Hölderlin (S. 25) und „Herbsttag" von Rainer Maria Rilke (S. 75). Stellen Sie dar, wie der Spätsommer bzw. der Herbst dort interpretiert wird. Vergleichen Sie diese Gedichte mit den Gedichten „Die große Fracht" und „Ende eines Sommers".

NAME:

DATUM/KURS:

Themen und Formen gegenwärtiger Naturlyrik erschließen

Fotografie aus der Ausstellung „Körperwelten", für die reale menschliche Körper plastiniert, konserviert und dann als Exponate präsentiert werden.

Quelle: Action Press GmbH (Nancy Kaszerman/Zuma Press), Hamburg

1 Erschließen Sie aus dem Exponat die Einstellung des Herstellers zum Menschen. Deckt sich diese Auffassung mit Ihrem Bild von Mensch und Natur?

Jürgen Theobaldy: Ein Orakel in der Nähe (1990)

Im Zimmer hier rührt sie
die feinen Flügel der Luft auf
sie summt vom Gelb des Sommers,
vom Sommer der Waben und des Honiggelbs
vom wahrhaftig friedlichen Hausbau.

Unerreichbar nah der Duft,
die Blüten, der Weg zur Erleuchtung,
die uns alle Wege erleichtern würde.
Die Wälder und Tempel sind draußen;
dazwischen dieses halbe Jahrtausend aus Glas[1].

Aus: Theo Elm (Hrsg.): Lyrik der neunziger Jahre, Stuttgart: Reclam 2000, S. 122

Durs Grünbein: Schädelbasislektion I (1991)

Was du bist steht am Rand
Anatomischer Tafeln.
Dem Skelett an der Wand
Was von Seele zu schwafeln
Liegt gerad so verquer
Wie im Rachen der Zeit
(Kleinhirn[2] hin, Stammhirn[3] her)
Diese Scheiß Sterblichkeit.

Aus: Durs Grünbein: Schädelbasislektion. Gedichte, Frankfurt am Main: Suhrkamp Verlag 1991

Norbert Hummelt: der turmfalk (2001)

am fenster, schnurlos, da am telefon ich für
den bruchteil erst nur deine stimme höre, seh
ich im rankenwerk dort auf der mauerkrone
bis dato unbekannten, etwa taubengroßen
nein, etwas größer, glaub ich, fremden vogel
sitzen …, ich würde mal sagen, oben rotbraun
mit aschgrauem schwanz, dessen endbinde
schwarz ist … das ist der turmfalk, vorher nie
gesehen, wenn ich dem fernglas hier u. dem
bestimmbuch traue, dem ich ins gelb umflorte
dunkle auge schaue … scheint so er hat eine beute
geschlagen u. weidet sich an dem erlegten tier
u. äugt nach jedem bissen wie zu mir herüber als
ob er ahnen kann, was ich ihn fragen möchte: ist
sie das, die vielzitierte feier der natur? dann wird
es gut sein, wenn ich sie nicht störe … die leitung
knackt, ich habe nichts vernommen, ob du noch da
bist, rede doch mit mir … der falke fliegt, er wird
nicht wiederkommen, nur ich am fenster, ich am
Telefon, bin schnurlos noch für einen bruchteil hier

Aus: Norbert Hummelt: Zeichen im Schnee. Gedichte, München: Luchterhand Literatur Verlag 2001

---

[1] *Mit „Glas" könnte der Bernstein gemeint sein, in dem die Biene eingeschlossen ist.*
[2] *Für die Koordination der Bewegung und den Spracherwerb zuständiger Teil des Gehirns.*
[3] *Entwicklungsgeschichtlich ältester Teil des Gehirns, zuständig für elementare Lebensfunktionen wie Instinkte und Atmung.*

2 Wählen Sie eines der drei Gedichte aus, das Ihnen gefällt, und tragen Sie es vor. Begründen Sie kurz, warum Sie sich für dieses Gedicht entschieden haben, und sprechen Sie über mögliche Zusammenhänge zwischen Text und Bild.

NAME:

DATUM/KURS:

3 Untersuchen Sie in Partnerarbeit, mit welchen Naturthemen sich Autoren der Gegenwart befassen und welche Haltung die Sprecher bzw. das Ich zur Natur einnehmen.

4 Zeigen Sie an Beispielen, wie das jeweilige Verhältnis der Sprecher/des lyrischen Ich zur Natur in der Form und in der Sprache der drei Gedichte zum Ausdruck kommt. Arbeiten Sie dazu in Gruppen. Stellen Sie Ihre Ergebnisse im Überblick zusammen.

Thema/Verhältnis des Sprechers/des lyrischen Ich zur Natur	
Lyrische Formelemente (z. B. Vers, Strophenbau, Metrum, Reim, Rhythmus, Klang)	
Sprache und Bildlichkeit (z. B. Wortwahl, Stilebene, Satzbau, rhetorische Figuren, Metaphorik)	

5 Lesen Sie den nachfolgenden Kommentar Durs Grünbeins über sein Verständnis vom Schreiben und vom Gedicht. Geben Sie die Aussagen in eigenen Worten wieder und legen Sie dar, ob und inwiefern sie sich auf Grünbeins Gedicht „Schädelbasislektion I" beziehen lassen.

„Gedichte sind Pausen im Sterben, zumindest auf dem Papier. Über den Satzspiegel hinaus verschieben sie das Einzelleben ihres Verfassers ins Grenzenlose. Sie versetzen ihn in eine Art Gegen-Zeit […]. Gedichte […] sind Gefäße des Metaphysischen[1], so sehr sie sich auch der Sinnenwelt verdanken. […] Einige Atemzüge lang trotzt das Gehirn seiner eigenen Vergänglichkeit."

---

[1] Metaphysik = gr. hinter/jenseits der Natur; beschäftigt sich mit der Frage nach dem Sinn des menschlichen Daseins.

Aus: Durs Grünbein: Warum schriftlos leben. Aufsätze, Frankfurt am Main: Suhrkamp 2003, S. 87

6 In Friedrich Hebbels „Herbstbild" (1852) heißt es in der zweiten Strophe über die Früchte, die reif zu Boden fallen: „O stört sie nicht, die Feier der Natur! / Dies ist die Lese, die sie selber hält, / Denn heute löst sich von den Zweigen nur, / Was vor dem milden Strahl der Sonnen fällt."
Arbeiten Sie heraus, was die Kenntnis dieses Gedichts zum Verständnis von Hummelts „Turmfalken" (vgl. V. 16) beitragen kann.

7 Verfassen Sie selbst ein Gedicht, in dem ihr Verhältnis zur Natur zum Ausdruck kommt. Tragen Sie Ihr Gedicht im Kurs vor und geben Sie sich gegenseitig Rückmeldungen (z. B. über besonders gelungene Stellen; Wörter oder Bilder, die auffallen; einen Rhythmus, den Sie heraushören).

8 Stellen Sie in Gruppenarbeit auf der Grundlage der behandelten Gedichte einen Infotext über Themen, Formen und Sprache gegenwärtiger Naturlyrik zusammen. Ziehen Sie dazu auch die Gedichte aus den Klett Editionen (z. B. Durs Grünbein: Biologischer Walzer, S. 61; Silke Scheuermann: Labor, S. 62 f.; Nora Bossong: Kortex, S. 65) heran.

NAME:

DATUM/KURS:

Mondgedichte unter den Aspekten Thema und Gestaltung vergleichen

1 Stellen Sie in einem Cluster mögliche Bedeutungen des Mondes zusammen. Sie können sich dabei an der Infobox zum Mond und an der Fotografie orientieren. Lesen Sie dazu auch den Lexikoneintrag im Materialienteil der Klett Editionen (S. 144).

Buzz Aldrin beim ersten Schritt auf dem Mond nach der Landung von Apollo 11 am 21. Juli 1969.

Quelle: Ullstein Bild GmbH, Berlin

Info

Mond

Symbol der ständigen Erneuerung, der Nacht, der Freundlichkeit, der göttl. Ordnung, der Liebe, des Trostes, des Bösen und Fremden sowie der Dichtung. – Relevant für die Symbolbildung sind v. a. die M.phasen als Bedingung der Zeitmessung (das Wort ‚M.' leitet sich aus der indoeurop. Sprachwurzel *ma,* „messen", bzw. *me,* „Maß", ab, so lat. *mensis, menstruus* und *mensura*).

Aus: Günter Butzer/Joachim Jacob (Hrsg.): Metzler-Lexikon literarischer Symbole, Stuttgart/Weimar: Metzler 2012, S. 273

2 Lesen Sie in den Klett Editionen die Gedichte „An den Mond" von Johann Wolfgang von Goethe (S. 68 f.) und „Mondnacht" von Günter Kunert (S. 71). Klären Sie in einem ersten Austausch mit Ihren Mitschülern den lyrischen Vorgang in den Gedichten (Worum geht es? Was geschieht im Gedicht?).

3 Vergleichen Sie die Gedichte unter thematischen Aspekten. Halten Sie zunächst Gemeinsamkeiten fest und erarbeiten Sie in Gruppen mithilfe des Arbeitsblattes auf Seite 11 eine differenzierte Erschließung beider Gedichte. Stellen Sie Ihre Ergebnisse im Kurs vor.

Thematische Aspekte	Goethe: An den Mond	Kunert: Mondnacht
I. **Was wird dargestellt?** Welche Elemente/Bereiche der Natur werden dargestellt (z. B. Fluss, Sonne, Baum, Flamingo, Wärme, Jahreszeit, Licht)? …	Mond, dessen Licht die nächtliche Landschaft erhellt („füllest wieder Busch und Tal"), Fluss	

4 Untersuchen Sie, wie die **Bedeutung des Mondes** für den Menschen in diesen beiden Gedichten jeweils **gestaltet** ist. Gehen Sie bei Ihrer Analyse auf Wortwahl, Satzbau, Bildlichkeit/sprachliche Bilder, rhetorische Figuren, lyrische Formelemente (Reim, Metrum, Rhythmus) sowie auf Strophen- und Versbau ein. Sie können diese Aufgabe tabellarisch darstellen. Fassen Sie abschließend die zentralen Gemeinsamkeiten und Unterschiede zusammen.

© Ernst Klett Verlag GmbH, Stuttgart 2015 | www.klett.de | ISBN 978-3-12-352488-2

NAME:

DATUM/KURS:

	Goethe: An den Mond	Kunert: Mondnacht
Bedeutung des Mondes	Für das lyrische Ich bedeutet der Mond …	In diesem Gedicht ist der Mond vor allem …
Wortwahl		
Satzbau …		

Bernhard Diebold: Die Bogenlampe ist dem Menschen gegenwärtiger als der ewige Mond (1932)

Wohl ist die Natur mit Himmel und Erde, Wald und Wiese ewig der menschlichen Betrachtung vorgestellt – nicht aber dem gleichen Naturgefühl des Menschen, der sich sogar in solchen scheinbar so unveränderlichen Dingen ändert. An Landschaftsmalerei hat das Mittelalter nie gedacht. Berge besteigen war vor Rousseau ein gelinder Wahnsinn. Das Meer war für die Vorzeit mehr Schrecken als Schönheit. Und heute ist „die Natur" dem Volke nicht mehr Idylle wie in der klassischen Poesie. Nicht mehr Idylle! Sondern Kulisse zur sausenden Fahrt. Denn selbst das Land hat sich verstädtert. Die Bogenlampe ist dem Menschen gegenwärtiger als der ewige Mond, der ihm auf dunkler Straße einst das einzige Licht war. Aber die meisten der heute dichtenden Jüngsten erleben wie vor hundert Jahren. Sie leisten nicht die visionäre Lyrik der Natur-Entdecker Claudius oder Hölty, die bisher Ungesagtes und Ungehörtes von Baum und Busch zu sagen wussten; oder wie Klopstock, der vielleicht zum ersten Male den Mond nicht nur als Götter-Gegenstand und als poetische Metapher, sondern als kosmischen Freund der Menschen sah. Aber immer noch geht der Mond auch für die meisten Jüngsten noch „stille durch die Abendwolken hin", während er – aus dem Fenster des Eisenbahnzuges gesehen, da wir schon keine „Wanderer" mehr sind – schon längst in rasendem Lauf um die Erde rotiert […].

Und dennoch tut Ihr so, als lebtet Ihr die jüngsten Stunden Eures jüngsten Tages in Wald und Hain, im Herbstlaub und auf Frühlingshügeln! Kinder, das ist ja gar nicht wahr. Ihr lebt ja dichtend gar nicht unter Eurem Mond – sondern unter Goethes Mond und in Hölderlins oder Mörikes Hain. Für diese Seelenheimat und Natur aber sorgten und werden sorgen für die Ewigkeit: eben Goethe und Mörike – die ich innig liebe und für meine private Seele dringend brauche. Aber Ihr habt außer dem seelischen Gebrauch der klassischen Gedichte als jüngste Lyriker ganz etwas anderes zu leisten! Ihr habt uns diesen momentan so poesiearmen und scheinbar herzlos versachlichten Weltstoff unserer Gegenwart genau so zu verdauen, zu gestalten, zu erhöhen – wie der junge Klopstock, als er seinen Mond gebar. […]

Aus: Bernhard Diebold: Die Bogenlampe ist uns gegenwärtiger als der ewige Mond, in: Die Kolonne 1 (1932), S. 2

5 Lesen Sie den Text „Die Bogenlampe ist dem Menschen gegenwärtiger als der ewige Mond" von Bernhard Diebold.
a) Fassen Sie den Text in einigen Thesen zusammen.
b) Erörtern Sie, ob Günter Kunert in seinem Gedicht „Mondnacht" Diebolds Forderungen umsetzt.

6 Lesen Sie im Materialienteil der Klett Editionen (S. 147) den Text „Das Motiv in der Literatur" von Horst und Ingrid Daemmrich.
a) Arbeiten Sie in Partnerarbeit wichtige Merkmale und Funktionen eines „Motivs" heraus.
b) Lesen Sie in den Klett Editionen die Gedichte „Die frühen Gräber" von Friedrich Gottlieb Klopstock (S. 67) und „Die Sternenreuse" von Peter Huchel (S. 70). Zeigen Sie daran auf, in welcher Weise Motive in Texten „vernetzt" sind und welche Bedeutungen sie erhalten können.

NAME:

DATUM/KURS:

Realismuskonzepte des 19. und 20. Jahrhunderts vergleichen

Theodor Storm: Abseits (1848)

Es ist so still; die Heide[1] liegt
Im warmen Mittagssonnenstrahle,
Ein rosenroter Schimmer fliegt
Um ihre alten Gräbermale;
Die Kräuter blühn; der Heideduft
Steigt in die blaue Sommerluft.

Laufkäfer hasten durchs Gesträuch
In ihren goldnen Panzerröckchen.
Die Bienen hängen Zweig um Zweig
Sich an der Edelheide Glöckchen,
Die Vögel schwirren aus dem Kraut –
Die Luft ist voller Lerchenlaut.

Ein halbverfallen, niedrig Haus
Steht einsam hier und sonnbeschienen,
Der Kätner[2] lehnt zur Tür hinaus,
Behaglich blinzelnd nach den Bienen;
Sein Junge auf dem Stein davor
Schnitzt Pfeifen sich aus Kälberrohr[3].

Kaum zittert durch die Mittagsruh
Ein Schlag der Dorfuhr, der entfernten;
Dem Alten fällt die Wimper zu,
Er träumt von seinen Honigernten.
– Kein Klang der aufgeregten Zeit
Drang noch in diese Einsamkeit.

---

[1] Von kargen Böden geprägte Landschaft.
[2] Kleinbauer und Tagelöhner, der in einem einfachen Bauernhaus (Kate) lebt.
[3] Wiesenkerbel; aus seinen Stängeln lassen sich Pfeifen schnitzen.

Aus: Theodor Storm: Am grauen Meer. Gesammelte Werke, hrsg. von Rolf Hochhuth, Gütersloh: Bertelsmann GmbH 1963

Rolf Dieter Brinkmann: Landschaft (1975)

1 verrußter Baum
nicht mehr zu bestimmen
    1 Autowrack, Glasscherben
    1 künstliche Wand, schallschluckend

verschiedene kaputte Schuhe
im blätterlosen Gestrüpp

    „was suchen Sie da?"

1 Essay, ein Ausflug in die Biologie
das Suchen nach Köcherfliegenlarven, das gelbe

Licht 6 Uhr nachmittags

    1 paar Steine

    1 Warnschild „Privat"
    1 hingekarrtes verfaultes Sofa
    1 Sportflugzeug

mehrere flüchtende Tiere,
der Rest einer Strumpfhose an
einem Ast, daneben

    1 rostiges Fahrradgestell

    1 Erinnerung an
    1 Zenwitz[1]

---

[1] Im meditativen Zen-Buddhismus eine erhellende, tiefgründige Pointe, die eine Weisheit vermittelt.

Aus: Rolf Dieter Brinkmann: Westwärts 1 und 2. Gedichte, Reinbek: Rowohlt Verlag 1975, S. 99

1 Lesen Sie die Gedichte „Abseits" von Theodor Storm und „Landschaft" von Rolf Dieter Brinkmann. Tragen Sie diese im Kurs vor. Versuchen Sie dabei die Atmosphäre der Texte wiederzugeben.

2 Vergleichen Sie die Sicht auf die Landschaft, die in den beiden Gedichten zum Ausdruck kommt. Beschreiben Sie das jeweilige Verhältnis der Sprecher zur Landschaft.

3 Erweitern Sie die Gedichte. Verfassen Sie dazu
a) eine weitere Strophe zu „Abseits"; schließen Sie Ihre Strophe, die sich nicht zu reimen braucht, an eine der mittleren Strophen an, oder
b) zwei weitere Strophen nach dem Muster von „Landschaft" (V. 1–6 oder 8–15) und montieren Sie diese ins Gedicht. Ihre Gegenstände sollten aus der Gegenwart stammen. Geben Sie sich im Kurs gegenseitig Rückmeldung darüber, inwiefern Sie den Originalen gerecht geworden sind.

4 Definieren Sie kurz, was für Sie *realistisch schreiben* bedeutet. Prüfen Sie, ob und inwiefern beide Gedichte Ihrer Vorstellung von realistischem Schreiben entsprechen. Argumentieren Sie mit Textbelegen.

NAME:

DATUM/KURS:

Theodor Fontane über den „poetischen Realismus“ (1848/1853)

[Der Realismus] ist die Widerspiegelung alles wirklichen Lebens, aller wahren Kräfte und Interessen im Elemente der Kunst; er ist, wenn man uns diese scherzhafte Wendung verzeiht, eine „Interessenvertretung“ auf seine Art. Er umfängt das ganze reiche Leben, das Größte wie das Kleinste: den Columbus, der der Welt eine neue zum Geschenk machte, und das Wassertierchen, dessen Weltall der Tropfen ist; den höchsten Gedanken, die tiefste Empfindung zieht er in seinen Bereich, und die Grübeleien eines Goethe wie Lust und Leid eines Gretchen sind sein Stoff. Denn alles das ist wirklich. Der Realismus will nicht die bloße Sinnenwelt und nichts als diese; er will am allerwenigsten das bloß Handgreifliche, aber er will das Wahre. Er schließt nichts aus als die Lüge, das Forcierte, das Nebelhafte, das Abgestorbene [...].

Aus: Theodor Fontane: Sämtliche Werke, Band 2. Theaterkritiken, hrsg. v. Siegmar Gerndt, München: Hanser Verlag 1969, S. 237–242, hier: S. 238

Rolf Dieter Brinkmann: Notiz (1968)

[...] Ich bin keineswegs der gängigen Ansicht, dass das Gedicht heute nur noch ein Abfallprodukt sein kann, wenn es auch meiner Ansicht nach nur das an Material aufnehmen kann, was wirklich alltäglich abfällt. Ich denke, dass das Gedicht die geeignetste Form ist, spontan erfasste Vorgänge und Bewegungen, eine nur in einem Augenblick sich deutlich zeigende Empfindlichkeit konkret als snap-shot festzuhalten. Jeder kennt das, wenn zwischen Tür und Angel [...] das, was man in dem Augenblick als zufällig vor sich hat, zu einem sehr präzisen, festen, zugleich aber auch sehr durchsichtigen Bild wird [...] da geht es um das genaue Hinsehen, die richtige Einstellung zum Kaffeerest in der Tasse, während jemand reinkommt ins Zimmer und fragt, gehen wir heute abend in die Spätvorstellung? Mir ist das Kaugummi ausgegangen! [...] Man muss vergessen, dass es so etwas wie Kunst gibt! Und einfach anfangen. [...]

Aus: Rolf Dieter Brinkmann: Notiz, in: ders.: Piloten. Neue Gedichte, Köln: Kiepenheuer & Witsch 1968

5 Lesen Sie die beiden Texte von Fontane und Brinkmann. Stellen Sie Gemeinsamkeiten und Unterschiede der darin entwickelten Realismuskonzepte mithilfe der Tabelle vergleichend gegenüber.

Fontane: Poetischer Realismus	Brinkmann: Notiz
– Realismus ist keine „nackte Wiedergabe des alltäglichen Lebens“ –	–

6 Untersuchen Sie, ob Storms Gedicht „Abseits“ Fontanes Forderungen entspricht und ob Brinkmann seine eigenen Forderungen umsetzt. Berücksichtigen Sie dabei Inhalt, Sprache und Gestaltungsweise der beiden Gedichte.

7 Erörtern Sie, ob es sich bei Storms Gedicht „Abseits“ um eine Idylle handelt.

Info

Idylle

Unter einer Idylle (gr. *eidyllon:* kleines Bildchen) versteht man ein harmonisch verklärtes ländliches Leben, einen Zustand, der auf den Betrachter beschaulich und friedlich wirkt. Störendes wird ausgegrenzt.

8 Informieren Sie sich über den Lyriker Volker Braun. Lesen Sie in den Klett Editionen (S. 84) das Gedicht „Durchgearbeitete Landschaft“. Untersuchen und interpretieren Sie das Gedicht vor dem Hintergrund von Entstehungszeit und -ort.

NAME:

DATUM/KURS:

Gesellschaftskritische Aspekte in der Naturlyrik untersuchen

1 Formulieren Sie – als Mensch, der zu Beginn des 21. Jahrhunderts lebt – in einem Satz Ihr Verhältnis zur Natur. Vergleichen Sie Ihre Einstellung mit denen Ihrer Mitschüler und bewerten Sie Ihre Einschätzungen: Wie steht der Mensch heute zur Natur?

Gunther E. Grimm: Erfahrung, Deutung und Darstellung der Natur in Lyrik (1995)

In den 1960er Jahren ändert sich die Wahrnehmung der Natur. Diese verliert endgültig den Anschein des Heilen und des Heilenden. Der Tonfall in den Gedichten gelangt von der Beschreibung und der Feier der Natur zu einer Klage und einem unsachlichen Angriff. Sogar Jahreszeiten wie Frühling und Sommer erscheinen in einer unangenehmen Atmosphäre. Die kaputte Natur spiegelt zunächst die Folgen des Kriegs-Desasters (Zweiter Weltkrieg, 1933–1945). In nur wenigen Jahren hat sich die Darstellung der Natur in immer stärkerem Maße zu einem Ausdruck einer Umweltkatastrophe verändert. Nach dem Zweiten Weltkrieg wurde die Zerstörung der Natur deutlich; vorher beschränkten sich die Eingriffe des Menschen auf vorübergehende Veränderungen. Noch Mitte der achtziger Jahre schien die Welt auf ein apokalyptisches Chaos zuzutreiben. Ob Atomkrieg, ob schleichender Tod durch Umweltverschmutzung – die Einsicht in die weltweite Bedrohung ist gewachsen. Tankerunfälle, Giftzentren, Kriege, Hungerkatastrophen und Atomreaktorunfälle wurden nicht mehr als regionale Ereignisse wahrgenommen – sie galten allgemein als erste Anzeichen einer ökologischen und politisch-sozialen Endzeit, als Stationen auf einem unumkehrbaren Weg in den Untergang. Anders als in früheren Jahrhunderten erzeugt der Mensch heutzutage seine Katastrophen selbst. Der optimistische Glaube an den Fortschritt ist einer tiefen Skepsis gewichen.

Aus: Gunther E. Grimm: Erfahrung, Deutung und Darstellung der Natur in Lyrik, in: Deutsche Naturlyrik. Vom Barock bis zur Gegenwart, hrsg. v. Gunther E. Grimm, Stuttgart: Reclam 1995, S. 510

2 Lesen Sie Gunther Grimms Text über die veränderte Wahrnehmung der Natur. Fassen Sie zusammen, welche Veränderungen sich im Naturbild seit den 1960er-Jahren ergeben haben, und vergleichen Sie Grimms Befund für die Gegenwart mit Ihren Einschätzungen (vgl. Aufgabe 1).

Sarah Kirsch: Im Sommer (1974)

Dünnbesiedelt das Land,
Trotz riesiger Felder und Maschinen
Liegen die Dörfer schläfrig
In Buchsbaumgärten; die Katzen
Trifft selten ein Steinwurf.

Im August fallen Sterne.
Im September bläst man die Jagd an.
Noch fliegt die Graugans, spaziert der Storch
Durch unvergiftete Wiesen. Ach, die Wolken
Wie Berge fliegen sie über die Wälder.

Wenn man hier keine Zeitung hält
Ist die Welt in Ordnung.
In Pflaumenmuskesseln
Spiegelt sich schön das eigne Gesicht und
Feuerrot leuchten die Felder.

Aus: Sarah Kirsch: Sämtliche Gedichte in einem Band, München: Deutsche Verlags-Anstalt 2013

3 Lesen Sie das Gedicht „Im Sommer" von Sarah Kirsch und beziehen Sie es auf den Text von Gunther Grimm: Welche Aussage Grimms lässt sich durch den Gedichttext belegen?

NAME:

DATUM/KURS:

4 Stellen Sie tabellarisch gegenüber, wie Kirschs Gedicht die Feier der Natur mit einer unangenehmen Atmosphäre kontrastiert. Vergleichen und diskutieren Sie anschließend Ihre Ergebnisse im Kurs.

Feier der Natur	unangenehme Atmosphäre
Dünnbesiedelt das Land (V. 1) Liegen die Dörfer schläfrig (V. 3) ...	riesige Felder und Maschinen (V. 2) ...

Gregor Dotzauer: Im weiten Land (2013)

Die reine Naturidylle war ihren Gedichten lange fern. Ein Unheil lauerte immer nur wenige Verse entfernt, und Sarah Kirsch sah sich in einem Stand der Gnade, aus dem sie jederzeit vertrieben werden konnte. „Im August fallen Sterne", heißt es in ihrem Gedicht „Im Sommer" aus dem Band „Rückenwind" (1976): „Im September bläst man die Jagd an. / Noch fliegt die Graugans, spaziert der Storch / Durch unvergiftete Wiesen. Ach, die Wolken / Wie Berge fliegen sie über die Wälder. // Wenn man hier keine Zeitung hält / Ist die Welt in Ordnung. / In Pflaumenmuskesseln / Spiegelt sich schön das eigne Gesicht und / Feuerrot leuchten die Felder."

Was dabei die Wirklichkeit eines Landes war, das sie im Jahr darauf, nach der Unterzeichnung des Protestbriefs gegen die Ausbürgerung von Wolf Biermann, gen Westberlin verließ, und was ihr als grundsätzliche Heillosigkeit des Menschengeschlechts erschien – es lässt sich kaum auseinanderhalten. Sie beanspruchte das Recht, sich im Schatten gegenwärtiger und zukünftiger Verhängnisse noch eine Weile verschont zu fühlen. Die Hässlichkeit der bewohnten Welt blieb ausgespart, die Jahreszeiten und das der Elemente gaben bis zuletzt den Rhythmus vor. Das Naturmagische siegte über die Bedrohung durch den zivilisatorischen Bruch.

Aus: Gregor Dotzauer: Im weiten Land. Zum Tod von Sarah Kirsch, in: Der Tagesspiegel, 20. Mai 2013. Online verfügbar unter: http://www.tagesspiegel.de/kultur/zum-tod-von-sarah-kirsch-im-weiten-land/8240354.html (eingesehen am 31. Oktober 2014)

5 Lesen Sie den Auszug aus dem Nachruf auf Sarah Kirsch von Gregor Dotzauer und legen Sie dar, wie er die Vermischung von „Naturidylle" und „zivilisatorischem Bruch" bei Kirsch erklärt.

____

____

____

6 Beschreiben Sie das Gedicht formal und erläutern Sie, welche formalen Elemente den Kontrast zwischen den beiden Polen Natur und deren Bedrohung hervorheben.

____

____

____

7 Dotzauer spricht die politische Dimension der Lyrik Kirschs an, indem er auf die DDR verweist, jenes Land also, das sie ein Jahr nach der Veröffentlichung des Gedichts „gen Westberlin verließ". Prüfen Sie, ob (und gegebenenfalls wie) das Gedicht „Im Sommer" auch politisch verstanden werden kann.

NAME:

DATUM/KURS:

Die Politisierung der Natur bei Brecht untersuchen

Bertolt Brecht: An die Nachgeborenen (1934–1938)

(Gedichtanfang)
Wirklich, ich lebe in finsteren Zeiten!
Das arglose Wort ist töricht. Eine glatte Stirn
Deutet auf Unempfindlichkeit hin. Der Lachende
Hat die furchtbare Nachricht
Nur noch nicht empfangen.

Was sind das für Zeiten, wo
Ein Gespräch über Bäume fast ein Verbrechen ist.
Weil es ein Schweigen über so viele Untaten einschließt! […]

Aus: Bertolt Brecht: Gesammelte Werke in 20 Bänden, Band 9, Frankfurt am Main: Suhrkamp Verlag 1967

1 Lesen Sie den Anfang des Gedichts „An die Nachgeborenen“ von Bertolt Brecht. Stellen Sie eine begründete Vermutung darüber an, weshalb vor allem an die Verse „Was sind das für Zeiten, wo / Ein Gespräch über Bäume fast ein Verbrechen ist. / Weil es ein Schweigen über so viele Untaten einschließt!“ immer wieder – gerade auch von Schriftstellern – angeknüpft worden ist. Beziehen Sie die folgenden Gedichte in Ihre Überlegungen mit ein.

____

____

____

____

Günter Eich: Vorsicht (1966)

Die Kastanien blühn.
Ich nehme es zur Kenntnis,
äußere mich aber nicht dazu.

Aus: Günter Eich: Gesammelte Werke in vier Bänden. Revidierte Ausgabe, hrsg. v. Axel Vieregg, Band 1: Die Gedichte. Die Maulwürfe, Frankfurt am Main: Suhrkamp Verlag 1991

Hans Magnus Enzensberger: Zwei Fehler (1970)

Ich gebe zu, seinerzeit
habe ich mit Spatzen auf Kanonen geschossen.
Dass das keine Volltreffer gab,
sehe ich ein.
Dagegen habe ich nie behauptet,
nun gelte es ganz zu schweigen.
Schlafen, Luftholen, Dichten:
das ist fast kein Verbrechen.
Ganz zu schweigen
von dem berühmten Gespräch über Bäume.
Kanonen auf Spatzen, das hieße doch
in den umgekehrten Fehler verfallen.

Aus: Hans Magnus Enzensberger: Gedichte, Frankfurt am Main: Suhrkamp Verlag 1983

Paul Celan: Ein Blatt (1968)

Ein Blatt, baumlos
für Bertolt Brecht:
Was sind das für Zeiten,
wo ein Gespräch
beinah ein Verbrechen ist,
weil es so viel Gesagtes
mit einschließt?

Aus: Paul Celan: Die Gedichte. Kommentierte Gesamtausgabe in einem Band, hrsg. und kommentiert von Barbara Wiedemann, Frankfurt am Main: Suhrkamp Verlag 2003

NAME:

DATUM/KURS:

Erich Fried: Noch vor der Zeit (1978)

Ich lese Nachgeborenen
das Gedicht Bertolt Brechts
AN DIE NACHGEBORENEN vor
aus den Zeiten vor dem Zweiten Weltkrieg

Schon den ersten Teil
der anfängt und aufhört mit den Worten
„Wirklich, ich lebe in finsteren Zeiten!“
muss ich den Nachgeborenen nicht erklären

Sie nicken voll Verständnis bei jeder Einzelheit
mit der der Dichter die Finsternis seiner Zeiten
beschrieben hat. Sie finden sein Gedicht
ihrer eigenen Zeit auf den Leib geschrieben

Diese unmittelbare Verständlichkeit
hätte den Dichter, obwohl er sonst immer bestrebt war,
verstanden zu werden,
eher traurig gemacht.

Aus: Ausgewählte Gedichte Brechts mit Interpretationen, hrsg. v. Walter Hinck, Frankfurt am Main: Suhrkamp 1978, S. 97

2 Vergleichen Sie Ihre Vermutungen (vgl. Aufgabe 1) mit den Aussagen in dem Gedicht „Noch vor der Zeit“ von Erich Fried.

Erich Fried: Zu „An die Nachgeborenen“ von Bertolt Brecht (1978)

An die Nachgeborenen, im Exil entstanden, als das „Dritte Reich“ sichtbar auf den Zweiten Weltkrieg hinsteuerte, ist ein Zeitgedicht. Seine ersten Worte sind: „Wirklich, ich lebe in finsteren Zeiten!“ Aber in keinem der drei Teile des Gedichts kommt auch nur ein einziger tagespolitischer Ausdruck oder Name vor. Brecht bedient sich der Tradition der durch Tyrannei entstandenen „Sklavensprache“, die sich gezwungen sah, Aktuelles eher anzudeuten als beim Namen zu nennen, und greift gelegentlich auf von der Bibel beeinflusste Sprache und Sprechweise zurück. Natürlich spricht er nicht wirklich die Sklavensprache der Unterdrückten, er schreibt ja im Exil, wo sie nicht nötig ist, doch versucht er den Unterdrückten auch sprachlich nahe zu bleiben, zugleich aber auch jede bloß vordergründige Aktualität zu vermeiden und zu transzedieren. Er gibt nicht politische Tagesnachrichten wieder, sondern beschreibt menschliche – und unmenschliche – Verhaltensmuster, die sich aus den Zuständen ergeben. Die Zustände, an die er anknüpft, werden durchwegs als bekannt vorausgesetzt. Wenn Brecht schreibt „Der Lachende / Hat die furchtbare Nachricht / Nur noch nicht empfangen.“, so ist damit zwar keine einzelne Nachricht, etwa von einem Konzentrationslager oder von Kriegsvorbereitungen, gemeint, wohl aber die Nachricht, wie diese Zeit beschaffen ist, wie die Herrschenden zu Schlächtern geworden sind und worauf es hinausläuft.

Einzelheiten dieses Gedichtes sind gelegentlich missverstanden worden, etwa die Worte „Was sind das für Zeiten, wo / Ein Gespräch über Bäume fast ein Verbrechen ist. / Weil es ein Schweigen über so viele Untaten einschließt!“ Dies ist kein Aufruf zur Abwendung von der Natur zugunsten der Politik. Brecht betont die Wichtigkeit des Nichtverschweigens der Untaten, aber die Störung des Verhältnisses zur Natur betrachtet er als *Fluch* der finsteren Zeiten. Deshalb schreibt er im zweiten Teil des Gedichts „Der Liebe pflegte ich achtlos / Und die Natur sah ich ohne Geduld.“ Das sind für ihn Beispiele dafür, wie einem Lebenszeit geraubt wird. Dass er gerade das Gespräch über Bäume als „fast ein Verbrechen“ zitiert, wird weniger missverständlich, wenn man bedenkt, wie gerne er über Bäume gesprochen und geschrieben hat, von der *Hauspostille* bis zuletzt zu den *Buckower Elegien*.

Aus: Ausgewählte Gedichte Brechts mit Interpretationen, hrsg. v. Walter Hinck, Frankfurt am Main: Suhrkamp 1978, S. 94 f.

3 Lesen Sie den Auszug aus Frieds Interpretation des Brecht-Gedichts „An die Nachgeborenen“. Fassen Sie zusammen, in welchem Kontext Fried das Gedicht betrachtet.

4 Erläutern Sie, in welcher Weise Brechts Verse zum Sprechen über Bäume missverstanden wurden und wie sie dagegen Fried zufolge richtig zu interpretieren sind.

5 Diskutieren Sie auf der Grundlage Ihnen bekannter naturlyrischer Gedichte nach 1945, ob und inwieweit Frieds Aussagen zum richtigen Verständnis Brechts auf andere Lyriker übertragbar sind.

NAME:

DATUM/KURS:

Natur, Sprache, Sprecher: eine Entwicklung rekonstruieren

Novalis: Wenn nicht mehr Zahlen und Figuren (1800)

Wenn nicht mehr Zahlen und Figuren
Sind Schlüssel aller Kreaturen,
wenn die, so singen oder küssen,
Mehr als die Tiefgelehrten wissen,
Wenn sich die Welt ins freie Leben
Und in die Welt wird zurückbegeben,
Wenn dann sich wieder Licht und Schatten
Zu echter Klarheit werden gatten
Und man in Märchen und Gedichten
Erkennt die ew'gen Weltgeschichten,
Dann fliegt vor einem geheimen Wort
Das ganze verkehrte Wesen fort.

Aus: Novalis: Werke, hrsg. und kommentiert von Gerhard Schulz, München: C. H. Beck Verlag 1969

Joseph von Eichendorff: Wünschelrute (1835)

Schläft ein Lied in allen Dingen
die da träumen fort und fort,
und die Welt hebt an zu singen,
triffst du nur das Zauberwort.

Aus: Joseph von Eichendorff: Werke in vier Bänden, hrsg. v. Wolfdietrich Rasch, Band 1, München: Hanser Verlag 1981

1 Novalis stellt in seinem Gedicht zwei Welten vor. Stellen Sie diese tabellarisch einander gegenüber und finden Sie passende Überschriften.

Zahlen Figuren	die singen und küssen

2 Stellen Sie in Gruppenarbeit Überlegungen dazu an,

a) wie/in welchen Formen in der Auffassung der Romantik die Welt erschlossen werden kann; beziehen Sie dabei Eichendorffs „Wünschelrute" mit ein.

b) warum diese Formen möglicherweise geeigneter sind zur Welterschließung „als Zahlen und Figuren". Gehen Sie dabei auch auf die Kunstfragmente von Novalis und die Auffassungen Wilhelm Wackenroders in „Von zwei wunderbaren Sprachen" ein (vgl. Klett Editionen, S. 118 und S. 120).

Beurteilen Sie diese Auffassungen.

3 Lesen Sie im Materialienteil der Klett Editionen (S. 140) Günter Eichs Rede „Der Schriftsteller vor der Realität". Darin formuliert er 1956 seine Gedanken über das Schreiben von Gedichten. Es ist sein Beitrag zum „Schreiben nach der Katastrophe" des Nationalsozialismus und des Zweiten Weltkriegs.
Geben Sie in eigenen Worten wieder, wie Eich das Verhältnis von Sprache, Sprecher (Schriftsteller) und Wirklichkeit bestimmt.

4 Erläutern Sie Eichs Sprachskepsis im Zusammenhang mit folgender Aussage von Harald Weinrich:

> *„Nie haben Schlagworte hemmungsloser die Szene beherrscht als in der Hitlerzeit. [...] Es besteht kein Zweifel, dass Wörter, mit denen viel gelogen worden ist, selber verlogen werden."*
>
> *Aus: Harald Weinrich: Linguistik der Lüge, München: Verlag C. H. Beck 2000, S. 35*

5 Lesen Sie in den Klett Editionen (S. 93) das Gedicht „Die Häherfeder" von Günter Eich. Überprüfen Sie an diesem Gedicht, wie Eich das Problem der Wirklichkeitserfassung mittels der Sprache darstellt und bewältigt.

6 Zweifel über die Wirklichkeitserkenntnis und Sprachskepsis prägen auch die gegenwärtige Naturlyrik. Untersuchen Sie, wie dieser Sprach- und Erkenntniszweifel in dem Gedicht „Mitten in einer Gedichtzeile" von Friederike Mayröcker und in Hans Magnus Enzensbergers „Windgriff" (vgl. Klett Editionen, S. 95 und S. 97) gestaltet wird.

NAME:

DATUM/KURS:

Eine Diagnose zum Lernstand stellen

LERNSTANDSDIAGNOSE: Umgang mit Gedichten

Das kann ich: ☺ 😐 ☹	Kompetenz	Textbeispiel
	Eine Deutungshypothese formulieren (Thema)	
	Ein Gedicht in seinem Aufbau darstellen/gliedern	
	Motive/wichtige Bilder/ Metaphorik im Gedicht herausarbeiten	
	Sprachliche Gestaltung (Wort/Wortfelder, Satz, rhetorische Figuren) erkennen und interpretieren	
	Lyrische Formelemente (Reimschema, Metrum, Laut- und Klangfiguren, Rhythmus) erkennen und auswerten	
	Gedichte in ihren Kontext (Zeit/Epoche) einordnen	

1 Schätzen Sie Ihre Kompetenzen im Umgang mit Gedichten selbst ein (☺ = sehr gut, 😐 = schon ganz gut, aber mit Verbesserungspotenzial, ☹ = stark ausbaufähig).

2 Erproben Sie Ihre Kompetenzen am Beispiel Joseph von Eichendorffs Gedicht „Frühlingsnacht“.

Joseph von Eichendorff: Frühlingsnacht (1837)

Über'n Garten durch die Lüfte
Hört' ich Wandervögel zieh'n,
Das bedeutet Frühlingsdüfte,
Unten fängt's schon an zu blüh'n.

Jauchzen möcht' ich, möchte weinen,
Ist mir's doch, als könnt's nicht sein!
Alte Wunder wieder scheinen
Mit dem Mondesglanz herein.

Und der Mond, die Sterne sagen's,
Und in Träumen rauscht's der Hain,
Und die Nachtigallen schlagen's:
Sie ist Deine, sie ist dein!

Aus: Joseph von Eichendorff: Werke in sechs Bänden, Band 1: Gedichte. Versepen, hrsg. v. Hartwig Schultz, Frankfurt am Main: Deutscher Klassiker-Verlag 1987, S. 370

3 Überprüfen Sie, ob sich Ihre Selbsteinschätzung mit dem Ergebnis deckt. Vergleichen Sie dazu Ihre Ergebnisse im Kurs.

4 Üben Sie, wo Sie noch Schwächen haben. Sie können dazu das Gedicht „Der März in der Luft des Hochhauses“ von Jürgen Becker (vgl. Klett Editionen, S. 59) verwenden.

NAME:

DATUM/KURS:

Übungsklausur für Schüler

Joseph von Eichendorff: Sehnsucht (1834)

Es schienen so golden die Sterne,
Am Fenster ich einsam stand
Und hörte aus weiter Ferne
Ein Posthorn im stillen Land.
Das Herz mir im Leib entbrennte,
Da hab ich mir heimlich gedacht:
Ach, wer da mitreisen könnte
In der prächtigen Sommernacht!

Zwei junge Gesellen[1] gingen
Vorüber am Bergeshang,
Ich hörte im Wandern sie singen
Die stille Gegend entlang:
Von schwindelnden Felsenschlüften[2],
Wo die Wälder rauschen so sacht,
Von Quellen, die von den Klüften[3]
Sich stürzen in die Waldesnacht.

Sie sangen von Marmorbildern,
Von Gärten, die überm Gestein
In dämmernden Lauben verwildern,
Palästen im Mondenschein,
Wo die Mädchen am Fenster lauschen,
Wann[4] der Lauten[5] Klang erwacht
Und die Brunnen verschlafen rauschen
In der prächtigen Sommernacht. –

---

[1] *Handwerksgesellen, die früher von einem Meister zum anderen wanderten und bei den jeweiligen Aufenthalten ihre Ausbildung erweiterten.*
[2] *Singular: Felsenschluft = Schlucht.*
[3] *Singular: Kluft = Felsspalte.*
[4] *Hier svw. wenn.*
[5] *Musikinstrument mit sechs oder elf Saiten über einem hölzernen Resonanzkörper, einem Griffbrett mit Bändern und kurzem, meist abgeknicktem Hals.*

Aus: Joseph von Eichendorff: Werke in vier Bänden, hrsg. v. Wolfdietrich Rasch, Band 1, München: Hanser Verlag 1981

1 Interpretieren Sie das Gedicht.

NAME:

DATUM/KURS:

Klausurvorschlag für die Lehrkraft

Eduard Mörike: Im Frühling (1828/1832)

Hier lieg' ich auf dem Frühlingshügel:
Die Wolke wird mein Flügel,
Ein Vogel fliegt mir voraus.
Ach, sag mir, alleinzige Liebe,
Wo du bleibst, dass ich bei dir bliebe!
Doch du und die Lüfte, ihr habt kein Haus.

Der Sonnenblume gleich steht mein Gemüte offen,
Sehnend,
Sich dehnend
In Liebe und Hoffen.
Frühling, was bist du gewillt?
Wann werd ich gestillt?

Die Wolke seh ich wandeln und den Fluss,
Es dringt der Sonne goldner Kuss
Mir tief bis ins Geblüt hinein;
Die Augen, wunderbar berauschet,
Tun, als schliefen sie ein,
Nur noch das Ohr dem Ton der Biene lauschet.

Ich denke dies und denke das,
Ich sehne mich, und weiß nicht recht, nach was:
Halb ist es Lust, halb ist es Klage;
Mein Herz, o sage,
Was webst du für Erinnerung
In golden grüner Zweige Dämmerung?
– Alte unnennbare Tage!

Aus: Eduard Mörike: Sämtliche Werke in vier Bänden, hrsg. v. Herbert G. Göpfert, Band 1, München: Hanser Verlag 1981

1 Analysieren und interpretieren Sie das Gedicht.

2 Ist Mörikes „Im Frühling“ ein romantisches oder ein realistisches Gedicht? Erläutern Sie die beiden Zuordnungsmöglichkeiten und nehmen Sie dazu Stellung.

NAME:

DATUM/KURS:

Kompetenzraster: einen Interpretationsaufsatz beurteilen (Lyrik)

KRITERIEN	NIVEAU A	NIVEAU B	NIVEAU C
Analysekompetenz			
Angemessenheit/ Tiefe des Textverständnisses	Die Grundaussage des Gedichts ist in groben Zügen erfasst.	Das Textverständnis ist dem Gedicht im Wesentlichen angemessen.	Das Textverständnis wird dem Gedicht umfassend und differenziert gerecht.
Differenziertheit und Kohärenz („roter Faden") der Analyse	Die Analyse zeigt Grundstrukturen einer aspektorientierten Untersuchung (z. B. Thema, lyr. Vorgang, lyr. Ich, lyr. Formelemente).	Die wesentlichen Aspekte einer Analyse sind berücksichtigt; die Analyse orientiert sich erkennbar an dem inhaltlichen Gesamtverständnis (Kohärenzmerkmal: Deutungshypothese).	Die Analyse geht von einem präzisen Gesamtverständnis des Textes aus (Kohärenz); die für das Gedicht zentralen Analysegesichtspunkte werden klar und differenziert erschlossen.
Anwenden der für die Erschließung des Textes erforderlichen Kenntnisse (Fachbegriffe, Wissen, Methoden)	Die Grundlagen einer fachlichen Erschließung sind vorhanden; Verwendung von Fachbegrifflichkeit (z. B. einzelne rhetorische Figuren, einzelne Formen der Bildlichkeit); literaturgeschichtliches Orientierungswissen ist in Grundzügen vorhanden.	Es besteht weitgehende Sicherheit im Umgang mit fachlichen Methoden und Begriffen sowie die Fähigkeit, Epochenwissen auf das Gedicht anzuwenden.	Der Umgang mit fachlichen Methoden und Begriffen erfolgt sicher und differenziert; Epochenwissen wird differenziert und kritisch angewendet.
Ergiebigkeit und Überzeugungskraft der Analyseergebnisse	Die Ergebnisse sind einfach, wenig umfangreich, in der Regel sachlich richtig; die Zusammenstellung der Ergebnisse wirkt additiv.	Die Analyseergebnisse sind umfangreicher, für das Textverständnis wichtig und sachlich weitestgehend richtig; sie sind in ihrer Bedeutung gewichtet.	Die Analyseergebnisse sind sehr umfangreich, in ihrer Bedeutung klar gewichtet (und entsprechend ausgearbeitet).
Fähigkeit, Einzelheiten für die Gesamtuntersuchung exemplarisch fruchtbar zu machen	Die Fähigkeit, Gestaltungsmittel in ihrer Funktionalität (z. B. Funktion des Satzbaus, der Klangstrukturen) auszuwerten, ist im Ansatz vorhanden.	Wichtige Gestaltungsmittel werden in der Regel erkannt und in ihrer Funktionalität ausgewertet.	Für das Gedicht zentrale Gestaltungsmittel werden erkannt und in ihrer Funktionalität überzeugend ausgewertet.
Eigenständigkeit und Zielbewusstsein	Vorwiegend erfolgt eine Reproduktion von methodischen Verfahren und geübten Teilelementen der Analyse; Paraphrasen; im Gesamtbild additiv.	Die Erschließung ist nicht nur vom Verfahren, sondern auch vom Text gelenkt; Beispiele selbstständiger Schwerpunktbildung sind vorhanden.	Es erfolgt eine textbezogene Analyse mit klar begründeter selbstständiger Schwerpunktbildung; exemplarische Vertiefungen sind erkennbar.
Darstellungskompetenz			
Textaufbau: gedankliche Klarheit und Schlüssigkeit **Textnorm:** E-H-S-Struktur, Abschnittbildung, korrektes Zitieren, Präsens, Sachlichkeit	Der Aufsatztext ist äußerlich erkennbar gegliedert; die Textnormen/-regeln wurden in Grundzügen eingehalten.	Der Textaufbau ist inhaltlich nachvollziehbar und klar gegliedert; die Textnormen werden weitgehend sicher beherrscht.	Der Textaufbau ist schlüssig; die Textnormen sind vollständig und überzeugend eingehalten worden.
Sprachliche Gestaltung: Verständlichkeit, Kohäsion, variabel in Wortschatz/Ausdruck und Satzbau	Der Text ist meist, aber nicht immer flüssig zu lesen; Wiederholungen, ein einfacher Satzbau, nur wenige Kohäsionssignale, sprachliche Schablonen prägen die Arbeit.	Der Text ist weitestgehend klar verständlich und meistens flüssig verfasst.	Der Text ist flüssig verfasst, klar verständlich und lässt Originalität und Sprachbewusstsein/sprachlichen Gestaltungswillen erkennen.
Sprachliche Richtigkeit (R, Z, Sb, A; St; Gr)	Der Aufsatz ist fehlerhaft, dies teilweise auch in einfachen Sprachbereichen.	Der Aufsatz ist sprachlich weitgehend richtig; es sind einzelne Fehler vorhanden, die aber nicht stören.	Der Aufsatz ist sprachlich fehlerfrei; nur kleinere Flüchtigkeitsfehler sind vorhanden.

NAME:

DATUM/KURS:

Erwartungshorizont/Stoffsammlung zu Mörikes „Im Frühling“

Aspekte	ANALYSE	INTERPRETATION
Thema/ lyrischer Vorgang Verhältnis des Ich/des Sprechers zur Natur	Ein lyr. Ich liegt im Sonnenlicht auf einem Hügel und blickt in den Himmel (Wolke, Vogel). Der Vorgang ist zunächst (vgl. Str. 1 und 2) wie eine Tagtraumsituation („Ein Vogel fliegt mir voraus“) bzw. wie eine Vereinigung konstruiert („der Sonne goldner Kuss“, V. 13 ff.), aber die Verschmelzung mit der Natur gelingt nicht; die äußere Wirklichkeit verliert ihre Bedeutung (ab Str. 3, v. a. ab V. 16 ff.).	Der Frühling/die Situation des lyr. Ich evoziert eine Entgrenzungssituation und führt zu einem nach außen und innen offenen Ich; das Ich als ein bewusst erlebendes und reflektierendes Ich bleibt aber letztlich für sich. Es besteht eine Ambivalenz von Erwachen/Öffnung/ Hoffnung einerseits, aber andererseits auch von Erinnerung/Dämmerung/Rückblick („alte unnennbare Tage“, V. 25); Frühling als Auslöser dieser Gedanken und „Zwischen“-Gefühle (zwischen Lust und Klage).
Strophenbau/ inhaltliche Gliederung	Das Gedicht hat vier Strophen, je sechs Verse unterschiedlicher Länge; der letzte Vers (V. 25) nimmt eine Ausnahmestellung ein; auffällig ist die unterschiedliche Länge der Verse, bis hin zum Einwortvers (V. 8). Gliederung: 1. Strophe: wahrnehmendes Ich/auf einem Hügel liegend; Sehnsucht (Flügelmotiv) 2. Strophe: Öffnung (zur Natur) 3. Verschmelzungsmoment (Kuss der Sonne); danach: zunehmende Verinnerlichung 4. Strophe: reine Innenhandlung; ungenaues Hoffen/Sehnen; Erinnerung Ausnahmestellung: V. 25 (nach Fragezeichen und Gedankenstrich)	Im Versbau kommen gleichzeitig Ruhe und Unruhe zum Ausdruck (vgl. auch grafisch). Die Bewegung des Textes verläuft von außen nach innen, i. e. von den sinnlichen Wahrnehmungen/ Empfindungen in die Innenwelt des lyr. Ich hinein (ab V. 19 ff.). Die angedeutete „Verschmelzung“ wird zurückgenommen; am Ende sind reflektierendes Ich und Natur getrennt. Abgehobener Vers „alte unnennbare Tage“ (V. 25) wirkt wie eine Antwort/eine Bilanz/ein barockes Motto. Das lyr. Ich ist nicht nur räumlich entrückt (nur körperlich noch anwesend), sondern auch zeitlich (Erinnerungen, evtl. Kindheitserinnerungen an eine zeitlich zurückliegende Welt, die nicht mehr „benennbar“ ist).
Lyrisches Ich	**Äußere Situation:** Frühling, Sonne, Wärme, summende Biene, auf einem Hügel liegend (biedermeierliches Idyllen-Inventar); mit dem Schließen der Augen (V. 16 ff.) verschwindet die Außenwelt; nur noch das Hören vermittelt die Wirklichkeit, die Augen „tun als schliefen sie ein“; die Blickrichtung wendet sich nach innen, Übergang in die Innenwelt. **Innere Situation:** Die Gedanken selbst sind ungerichtet/ungesteuert („ich denke dies und denke das“), ambivalent („halb ist es Lust/halb ist es Klage“). **Kommunikative Situation:** Es erfolgt eine dreifache Ansprache/Frage an die „alleinzige Liebe“ (grafisch hervorgehobenes *du* (V. 5), an den *Frühling* („Wann werd ich gestillt“) und an das *Herz* („o sage …).	Der Blick ist in den Himmel gerichtet; das Ich ist allein/ einsam, und nur in dieser Einsamkeit kann es sich nach außen und innen öffnen. Die Natur erscheint harmonisch und intakt; allerdings bildet sie nur die Brücke in den Innenraum des lyr. Ich. Melancholie: Es gibt keine Trauer um einen bestimmten Verlust, sondern eine Art gegenstandslosen Weltschmerz. Die Ansprache (sag mir/o sage; V. 4, 22) bleibt ohne Antwort; das Ich ist auf sich selbst zurückgeworfen.
Sprachliche Gestaltung/ Bildlichkeit	Zentrale Motive/Bilder: Metapher: „Wolke wird mein Flügel“ (V. 2) Vergleich: „Der Sonnenblume *gleich* steht Gemüte offen“ (V. 7) Personifizierung: „Der Sonne goldner Kuss“ (V. 14) Fragesätze: „Wann werd ich gestillt“ (V. 11, 12, 24) Metapher: „Der Sonne goldner Kuss“ (V. 14), „gold“ als atmosphärischer Wert Anapher: „In *golden* grüner Zweige Dämmerung“ (V. 24) Parallelismus (V. 19, 21) Präsens	Das Bild vermittelt die Entrückung, die Entgrenzung (vgl. „wunderbar“, „berauschet“); evtl. christl. Symbolik der Sonnenblume (Gott/Christus, Licht); Bilder der Offenheit, Weite (Wolke, Flügel, Lüfte), vgl. „steht mein Gemüte offen“ (V. 7); „Kuss“ sanfte Berührung; Bild der Vereinigung; „Dämmerung“ markiert einen Zwischenzustand („Halb ist es Lust, halb ist es Klage“, V. 21); „golden grün“ = schillernde Farbmetapher; während „grün“ noch real wirkt, ist das „golden“ (V. 14, 24) atmosphärisch zu deuten (warmer Farbton). In der Anapher Ich/Ich wird das Thema der Strophen 3 und 4 in den Vordergrund gerückt; das Präsens aktualisiert die Momenthaftigkeit dieser Frühlingssituation.

NAME:

DATUM/KURS:

Aspekte	ANALYSE	INTERPRETATION
Lyrische Formelemente	**Rhythmus**: Wechsel zwischen ruhigen und unruhigen Passagen, erzeugt durch unruhige Satzbögen (V. 4 f., V. 8–10); aber auch strömender Rhythmus (gleichmäßige Satzbögen, z. B. V. 1, 2, 3); **Reim:** aabccb (Paar/umarmend) / abbacc (umarmend/Paar) / aabcbc (Paar/kreuz) / aabbccb (Paar); **Metrum:** kein regelmäßiges Metrum, häufig mit Auftakt (Jambus) mit unterschiedlich vielen Hebungen, vgl. V. 1, 2, 6, 10, 12, 13, aber auch Daktylen (vgl. V. 6, 11 usw.); häufige Verschiebungen der Betonungsgipfel; deutliche Markierungen/Sinnbetonungen, z. B. die auftaktlosen Verse „Ach“ (V. 4); „sehnend“ (V. 8), „Frühling“ (V. 11), vgl. V. 8 f., Pause vor V. 25; **Klang:** helle Laute („Hier lieg ich/bleibst, dass ich bei dir bliebe“ = I-Laute); Binnenreim (sehnend/sich dehnend, V. 8 f.); Assonanzen (Wolke, Sonne, 2 x goldner = warme Klangfarbe); Alliteration („in golden grüner“), „Gemüte“ (V. 7)/„Geblüt“ (V. 15).	Dominantes Merkmal: Der Rhythmuswechsel und die Wechsel im Metrum bringen das Miteinander von Ruhe und Unruhe, auch innerer Unruhe („ihr habt kein Haus“) zum Ausdruck. Die Reimstruktur ist gleichzeitig regelmäßig und doch von Strophe zu Strophe verschieden. Auffällige metrische Verschiebungen verweisen auf die inhaltliche Bedeutung der betonten Wörter. Der Gedankenstrich (V. 25) verlangt eine Pause und zeigt auf diese Weise den Reflexionsvorgang, der vorangegangen sein muss.
Epochentypische Merkmale	**Romantische Motive:** Sehnsucht, Verschmelzungswunsch, Entgrenzung („wunderbar berauscht“); **Realismus/Biedermeier:** harmonische Landschaft, getragen von realen Landschaftselementen/Bildern (Hügel, Wolke, Sonne, Vogel, Fluss, Biene); Wirklichkeitsbezug: es findet keine Vereinigung/ Verschmelzung statt; das Ich ist und bleibt mit sich allein; **Lyr. Formelemente/Sprache** sind zu „frei“, um romantisch zu sein: freie Verse, Unregelmäßigkeit in Rhythmus und Metrum; passagenweise prosanahe Sprache (vgl. V. 16 f., V. 19–21); **Lyrisches Ich** trägt eher Züge des Realismus: reale Ausgangssituation; Melancholie/biedermeierlicher „Weltschmerz“, verlorene Unmittelbarkeit, Innerlichkeit als Refugium.	Abgrenzungs-/Vergleichsmöglichkeiten: – Im Sturm und Drang (Hölty, Goethe) bildet der Frühling den Ausdrucksraum innerer Situationen (Liebe, Aufbruch, Feier, Verschmelzung); im Biedermeier liefert die Natur den Rahmen für die Gemütsempfindung. – „Flug“-Motiv: Eichendorffs „Mondnacht“ (vgl. „Und meine Seele spannte …“); während die Seele des Ich in „Mondnacht“ die Flügel ausspannt und durch die stillen Lande zu einem „dritten Ort“ (Jenseits) fliegt, bleibt das lyr. Ich in „Im Frühling“ im Diesseits (Wirklichkeitsbezug). – Storms „Abseits“: Idylle mit Rissen; es geht nicht um Ich-Erfahrung, sondern um Welt-Erfahrung.

Hinweis: Vollständigkeit ist kein Beurteilungskriterium.

NAME:

DATUM/KURS:

Eine Stoffsammlung für die Analyse und Interpretation eines Gedichts anlegen

Deutungshypothese (Gesamtverständnis):

Analyseaspekte	Analyseergebnisse	Interpretation
Thema, Bedeutung/ Rolle der Natur für das lyrische Ich		
Lyrischer Vorgang und Aufbau/Gliederung		
Äußere und innere Situation des lyrischen Ich		
Bildlichkeit, Motive		
Sprachliche Gestaltung: auffällige Wörter/Satzart/ Satzbau/rhetorische Figuren/grammatische Besonderheiten		
Lyrische Formelemente: Reimschema, Metrum, Rhythmus, Klang-/ Lautfiguren, Assonanz, Alliteration		
Verhältnis Mensch – Natur		

NAME:

DATUM/KURS:

Analyse und Interpretation Natur und Mensch: Geschichte der Naturlyrik

1 Der Naturbegriff

Der Begriff „Natur" (von lat. *nasci* „entstehen") ist im Laufe der Geschichte immer wieder anders verstanden worden. Die **Antike** begreift in ihren Anfängen unter Natur zunächst alles Seiende *(physis)*; Aristoteles entwickelt später, im 4. Jahrhundert v. Chr., in seinen „Vorlesungen über die Natur" Kategorien (Raum, Zeit, Ursache, Material etc.), mit denen die Natur erfassbar und beschreibbar wird. Das Naturverständnis des **Mittelalters** ist geprägt von der Vorstellung, dass die schaffende Natur *(natura naturans)* eine Schöpfung Gottes sei. Mit dem Beginn der **Neuzeit** und deren epochalen Entdeckungen (z. B. von Kopernikus, Kepler, Galilei) entwickelt sich ein Naturbegriff, der die Natur mehr und mehr als Objekt versteht, das erkennbaren Gesetzen folgt und entsprechend technisch beherrschbar ist. Die Entwicklungen der Mathematik und der einzelnen Naturwissenschaften (Physik, Chemie, Medizin, Astronomie u. a.) treibt diesen Prozess voran.

Die **Anfänge der Lyrik,** die sich mit der **Natur** befasst, datiert in Deutschland ins 18. Jahrhundert. In gewisser Weise begleitet sie den naturwissenschaftlichen Diskurs der Neuzeit und hält im Natur-Gedicht fest, was nicht „messbar" ist und was deshalb in den Naturwissenschaften nicht zur Sprache kommt.

2 Naturlyrik vor dem Sturm und Drang

2.1 Barock (1600–1720)

Für das Barockzeitalter ist die „wilde" Natur in erster Linie ein durch Kunst zu „veredelnder" Rohstoff; die zeitgenössische Architektur der geometrisch geordneten Parks und Gärten (Ludwigsburger oder Karlsruher Schloss) macht dies in der Baukunst deutlich.

In der Lyrik liefert Natur vor allem Bilder einer Gottverlassenheit (*locus desertus*; vgl. „Einsamkeit", 1658, von Gryphius: „öd[e] Wüsten […] wildes Kraut […] bemößte See"; die Welt als wurmstichiger Kürbis), die die Gottesnähe umso erstrebenswerter macht. Wo Natur in ihrer schönen Form zitiert und verherrlicht wird (Schönheitslob, Morgensonne etc.), handelt es sich um allegorische Darstellungen der Vergänglichkeit *(vanitas)* bzw. eines Vorscheins des Jenseits. Die natürlichen Dinge tragen ihren Sinn nicht in sich, sondern verweisen auf eine höhere Wirklichkeit.

2.2 Aufklärung (ca. 1720–1800)

Das Naturverständnis der Aufklärung bildet sich im Wesentlichen auf der Grundlage zweier zeitgeschichtlicher Entwicklungen heraus: Die eine ist der sich abzeichnende Siegeszug der Naturwissenschaften und die damit verbundene Denkweise: das empirisch exakte Beschreiben, Berechnen, Vermessen, Beobachten (mit Teleskop und Mikroskop) der Natur. Die andere Grundlage – ein Ergebnis der kritischen Vernunft – ist ein neu gewonnenes religiös fundiertes Bild der Natur, das sich von einer personalen Gottesvorstellung gelöst hat und in der Schönheit und Ordnung der Natur einen göttlichen Willen erkennt (Pantheismus). Jede wissenschaftliche Entdeckung im kunstvollen Bau der Natur ist deshalb gleichzeitig Schöpferlob.

An Barthold Heinrich Brockes' „Kirschblüte bei der Nacht" (1727; vgl. KV 2, S. 13) kann diese doppelte Prägung nachvollzogen werden: Der konzentrierten Betrachtung und sinnlichen Erschließung (in der Aufklärung ist das vor allem das Sehen) des natürlichen Gegenstandes folgt die religiöse Reflexion. Das genaue Beschreiben der Natur ist die Basis der nachfolgenden religiösen Belehrung.

2.3 Empfindsamkeit (1720–1790)

Zu einer nachhaltigen Verschiebung von einem objektiveren, beschreibenden Zugang zur Natur zum subjektiven Empfinden kommt es durch Friedrich Gottlieb Klopstock (1724–1803), einem wichtigen Vertreter der Empfindsamkeit. In dessen Werk stehen nicht die sinnlich-gegenständliche Natur, sondern die Stimmung und das Gefühl des lyrischen Ich im Mittelpunkt. In seinem Gedicht „Die frühen Gräber" (1764; vgl. Klett Editionen, S. 67) wird dieses veränderte Naturverständnis deutlich: Der Mond, „schöner, stiller Gefährte der Nacht" (V. 2), wird zum Gesprächspartner, zum „Gedankenfreund" des lyrischen Ich. In dieser Hinsicht kann Klopstock als Vorläufer der Stürmer und Dränger gelten.

3 Naturlyrik vom Sturm und Drang bis zum Realismus

3.1 Sturm und Drang (1740–1785)

Die Epoche des Sturm und Drang knüpft an das Ideal der Selbstbestimmung an, wie es die Aufklärung propagiert hatte. Allerdings will sie sich nicht durch Vernunftzwänge leiten lassen, sondern betont die Leidenschaften, die Kraft und das Ursprüngliche. Die hymnisch vorgetragene Erlebnislyrik wie Johann Wolfgang von Goethes „Maifest" (1771; vgl. Klett Editionen, S. 14) – eine enthusiastische Selbstaussprache des lyrischen Ich, worin die Natur zum Ausdrucksraum der inneren Stimmung wird – entspricht diesem Grundgefühl der Stürmer und Dränger somit genau. Dass es sich bei diesem Gedicht der Form nach um ein Lied handelt, ist ebenfalls epochentypisch, sahen die Stürmer und Dränger doch vor allem im Volkslied die ursprüngliche, echte Poesie des Volkes erhalten.

Die Natur wird im Sturm und Drang vorwiegend in ihrer Ursprünglichkeit erfasst, natürliche Landschaften verdrängen die durch Menschen kultivierten Gärten oder Parkanlagen. Der Mensch wird als organischer Teil der Natur verstanden, der sich ihr nicht in erster Linie von außen betrachtend nähert, sondern sich gleichsam als „Kind der Natur" empfindet. Dabei wird die Ursprünglichkeit der Natur nicht nur positiv (etwa angesichts ihres schaffend-erzeugenden Charakters), sondern auch in ihrer Bedrohlichkeit und Zerstörungskraft wahrgenommen (vgl. Tagebucheintragung Werthers vom 18. August, Klett Editionen, S. 111) – dies wohl auch als Folge des Erdbebens von Lissabon im Jahr 1755, das für die Epoche eine prägende Wirkung hatte.

3.2 Weimarer Klassik (1786–1832)

Die Klassik ist in ihren Leitideen – Humanität, Vollkommenheit, Erziehung des Menschengeschlechts durch Bildung, Harmonie und Form – eine Antwort auf die erschütternde Umbrucherfahrung der Französischen Revolution. Diese harmonische Grundhaltung findet sich auch im Verständnis der Natur-Mensch-Beziehung. Für die Klassik sind Natur und Mensch nicht als Gegensätze konzipiert, sondern als Momente eines Bildungsprozesses. Der Mensch findet in diesem Prozess seine Natürlichkeit, die „verlorene Kindheit" (Friedrich Schiller in „Über naive und sentimentalische Dichtung", 1795; vgl. Klett Editionen, S. 115) wieder, und die Kunst zeigt die in der Natur verkörperte „Idee".

Entsprechend dieser Ausgewogenheit ist die Lyrik der Klassik auch durch die Abgrenzung zur Leidenschaftlichkeit des Sturm und Drang gekennzeichnet. Dominierte in der Erlebnislyrik vor allem die subjektive Komponente, werden Wahrnehmung und Gestaltung der Natur in der Klassik maßvoller, harmonischer und ausgewogener. Zur subjektiven Wahrnehmung tritt die objektive, das Empfinden und Erleben wird um die Anschauung ergänzt. Im Gegensatz zur Erlebnislyrik spricht man deshalb auch von „Anschauungsdichtung" (Gunter E. Grimm). Goethes Umgang mit dem lyrischen Bild in „Mächtiges Überraschen" (1807/08; vgl. Klett Editionen, S. 17) zeigt in der symbolischen Darstellung des Stroms als Bild des Lebens, wie die Anschauung die Idee vermittelt (vgl. auch die Gedichte „Gesang der Geister über den Wassern", 1779; „Dämmrung senkte sich von oben", 1830; Klett Editionen, S. 18 f., 21).

Das inhaltliche Ausgewogenheitsideal der Weimarer Klassik spiegelt sich auch im Formalen: Die Gedichte und ihre Formen, die Strophen- und Versformen, das Metrum (häufig vom antiken Vorbild übernommen), Reim, Rhythmus und Sprache entstehen im Bewusstsein von Maß, Regelhaftigkeit und Ordnung.

3.3 Romantik (1795–1835)

Die Romantik greift auf, was für Aufklärung und Klassik uninteressant scheint: das Innere des Menschen, das Verborgene, das von der Rationalität nicht Erfasste (vgl. Novalis' „Wenn nicht mehr Zahlen und Figuren", 1800; Klett Editionen, S. 92), das Sinnliche, das Emotionale, das Traumhafte, das Musikalische und Fantastische.

Zur Natur haben die Romantiker dabei eine besonders intensive Beziehung. Zum einen zeigt sich dies im romantischen Motivinventar: Nacht und Mondschein, Wälder und Bäche, Brunnen und Quellen, Reisen und Wandern, die Tages- und Jahreszeiten. Zum anderen ist die Einheit von Mensch und Natur, wie sie in Joseph von Eichendorffs „Mondnacht" (1835; vgl. Klett Editionen, S. 35) gestaltet ist, die romantische Kernidee. Der idealistische Philosoph Friedrich Schelling (1775–1854) beschreibt in seinem Werk „Ideen zu einer Philosophie der Natur" (1797) die Natur als Organismus, in dem der Geist wirke und sich in ihr und durch sie zum selbstbewussten Ich entfalte. Die Natur wird so zum „Buch", in welchem der Dichter zu lesen vermag, indem er die geheimen Zeichen (die Chiffren), durch die sich das Göttliche offenbart, in und durch seine Werke enthüllt (vgl. Eichendorffs „Wünschelrute", 1835: „Schläft ein Lied in allen Dingen/Die da träumen fort und fort,/ Und die Welt hebt an zu singen,/Triffst du nur das Zauberwort."; Klett Editionen, S. 31).

Die Lyrik mit ihrer Subjektivität, Bildlichkeit und Musikalität kommt als Gattung dieser „Poetisierung der Welt" besonders entgegen. Und die innovative Kraft der Romantik findet neue Formen dafür: *Synästhesien* zum Beispiel, in denen die Wahrnehmungsbereiche verknüpft sind (vgl. „Frische Fahrt", 1815; Klett Editionen, S. 27: „Laue Luft kommt blau geflossen"), und vor allem die *romantische Chiffre*. In dieser Konstruktion des lyrischen Bildes wird das Gegenständliche fast vollständig in Gemütserregung aufgelöst (vgl. Clemens Brentano, „Sprich aus der Ferne", 1801; Klett Editionen, S. 30 f.). Die romantische Chiffre wird so zum Vorbild der Klassischen Moderne (vgl. Georg Trakl, „In den Nachmittag geflüstert", 1912; Klett Editionen, S. 76).

Innerhalb der Romantik kommt Heinrich Heine (1797–1856) eine Sonderrolle zu. Einerseits zählte er zu den populärsten Dichtern der Epoche (sein „Buch der Lieder" von 1827 hatte nachhaltige Wirkung auch über die Epoche hinaus), andererseits lehnte er das romantische Programm der Vereinigung von Gegensätzen durch die „Poetisierung der Welt" als Trugbild ab. Den fehlenden Wirklichkeitsbezug der Epoche entlarvte er mit programmatischen oder ironischen Gedichten (vgl. „Wahrhaftig", 1821; „Das Fräulein stand am Meere", 1844; Klett Editionen, S. 92, 37).

3.4 Realismus (1840–1900)

Unter dem Eindruck einer Wirklichkeit, die durch Industrialisierung, Modernisierung und politische Umbrüche gekennzeichnet ist, verlieren die idealistischen Zielsetzungen der Klassik und der Romantik ihre Überzeugungskraft. In der Abgrenzung zu diesen Epochen bemüht sich der Realismus um einen einfachen, nüchternen Ton, der sich bewusst von den romantischen Motiven und der romantischen Ausdrucksvielfalt abhebt.

Die Naturlyrik des Realismus, der noch einmal zu untergliedern ist in die „Biedermeierzeit" (1815–1848; Eduard Mörike, Annette von Droste-Hülshoff), den „Vormärz" (1830–1848; vgl. Heinrich Heine, „Wahrhaftig"; Klett Editionen, S. 92) und den „Poetischen Realismus" (1850–1890; vgl. Gedichte von Gottfried Keller, Theodor Storm, Conrad Ferdinand Meyer; Klett Editionen, S. 41 ff.), ist einerseits geprägt von der Darstellung schlichter Naturbilder, wobei die Natur und ihre Wirkung auf den Menschen mit konkreter Anschaulichkeit beschrieben werden (vgl. Friedrich Hebbel, „Herbstbild", 1852; Mörike, „Im Frühling", 1828/1832; Klett Editionen, S. 73, 40).

Andererseits entspricht es nicht dem Selbstverständnis der Realisten, die Wirklichkeit in der Kunst banal zu verdoppeln. „Der Realismus will nicht die bloße Sinnenwelt und nichts als diese; er will am allerwenigsten das bloß Handgreifliche, aber er will das *Wahre*" (Theodor Fontane, vgl. Klett Editionen, S. 125), d. h., er will die Dinge in ihrer Bedeutung erschließen. Ausgangspunkt und Folie für die Beschreibung des Wahren ist die eigene Lebenswirklichkeit, d. h. individuelle Erlebnisse (wie etwa in „Über die Heide", 1875, von Theodor Storm; vgl. Klett Editionen, S. 42; und „Schwarzschattende Kastanie", 1882, von Conrad Ferdinand Meyer; vgl. KV 10, S. 24). Die Gestaltung dieser Erlebnisse schließt die symbolhafte Darstellung der Wirklichkeitserfahrung ein. Mit ihrer Symbolhaftigkeit verweisen die Gedichte vor allem C. F. Meyers schon in die Moderne.

4 Naturlyrik von der Jahrhundertwende bis zur Gegenwart

4.1 Jahrhundertwende/Symbolismus (1890–1920)

„Wir haben kein anderes Gesetz als die Wahrheit, wie jeder sie empfindet." (Hermann Bahr, „Die Moderne", 1890). Dieses Bekenntnis begleitet programmatisch die Abkehr vom Realismus und von dessen radikalisierter Form, dem Naturalismus. Es geht nicht mehr um die äußere Wirklichkeit, sondern um die „Wirklichkeit der Seele". Diese Haltung ist den verschiedenen Stilrichtungen der Jahrhundertwende – Symbolismus, Impressionismus, Jugendstil und Neuromantik – weitgehend gemeinsam. Die zeitgleichen Strömungen reagieren mit dieser von der äußeren Wirklichkeit abgewandten Haltung auf eine feindlich empfundene Welt, die durch Naturwissenschaft und Technik, durch Verstädterung und Anonymität geprägt ist; in der Kunst behaupten die Künstler ihre „Gegenwelt". Dies gilt auch mit Blick auf die Lyrik. Es werden „künstliche Paradiese" geschaffen (vgl. „Komm in den totgesagten park und schau", 1897, von Stefan George; Klett Editionen, S. 44); die Außenwelt wird zum symbolischen Material innerer Wahrheiten (z. B. Hugo von Hofmannsthal, „Vorfrühling", 1892/1904; Rainer Maria Rilke, „Herbsttag", 1902/1906; Klett Editionen, S. 46, 75). Der Symbolismus beschreibt also keine echte, „natürliche" Natur, sondern eine künstlich geschaffene, eine exponierte Natur (vgl. Rilke, „Blaue Hortensie", 1907; Klett Editionen, S. 45), die zeichenhaft verstanden und als Erscheinungsform des Geistigen gedeutet werden will.

Neben der symbolischen Sinnbildhaftigkeit und der „Magie der Sprache" sind die Dichtungen der Symbolisten geprägt durch suggestive Darstellungsmittel (insbesondere Synästhesien und Klangfiguren) sowie insgesamt durch eine Aufwertung des Formalen (Gedichtformen, Metren, Reime).

4.2 Expressionismus (1910–1925)

Auch der Expressionismus (von lat. *exprimere* „ausdrücken", „Ausdruckskunst"), der von den zwischen 1875 und 1895 geborenen Schriftstellern getragen wurde, wandte sich gegen die Wirklichkeitsabbildung im Naturalismus, lehnte aber zugleich die auf das Schöne und Artifizielle gerichtete Ästhetik des Symbolismus bzw. Impressionismus ab. Charakteristisch für den Expressionismus ist die Untergangsstimmung, die sich aus dem Erlebnis der schwindenden Bedeutung des Individuums ableitet. Dagegen entwickelten die Expressionisten eine Kunst, die in ihren Themen und Formen bewusst die Übersteigerung, das Grelle, das Erregende, das Hässliche und die Tabuverletzung suchte. Gottfried Benns „Kleine Aster" (1912; vgl. Klett Editionen, S. 49) kann als Beispiel dafür dienen.

Im Zentrum des Schreibens steht neben der Auseinandersetzung mit der Großstadt, Liebeskonzepten und Gottesbildern auch der Krieg. Insbesondere in der Lyrik des Frühexpressionismus (1910–1914) übte er als Metapher des Untergangsbewusstseins große Anziehungskraft auf die jungen Autoren aus. Dass einige dieser Autoren den Ersten Weltkrieg nicht überlebten – wie etwa August Stramm (1874–1915) oder Georg Trakl (1887–1914) –, gehört zur Tragik dieser Generation. Auch die Natur spielt im Themenfeld des Expressionismus eine wichtige Rolle. Wo sie thematisch aufgerufen wird, geht es aber meist nicht um die Darstellung des Naturphänomens um seiner selbst willen; die Natur stellt eher den „Materialpool" für aufwühlende Bilder dar, häufig sind dies Bilder des Verfalls (vgl. Trakl, „Im Winter", 1913; Klett Editionen, S. 49), der Vernichtung oder des Gewaltsamen (vgl. Georg Heym, „Printemps", 1911/12; Klett Editionen, S. 48).

Das Gefühl, in einer Krisenzeit zu leben, die auch eine Sprachkrise einschließt (vgl. Hofmannsthal, „Brief des Lord Chandos", 1901/02; Klett Editionen, S. 130), findet seinen Ausdruck in einer oft expressiven und experimentellen Sprache (etwa mit Reihungsstil, Ellipsen, Neologismen, pathetischen Ausrufen, kühnen Metaphern, Chiffren oder Metonymien). An der stürmischen Bewegtheit in „Vorfrühling" (1914/15) von August Stramm (vgl. Klett Editionen, S. 47) kann dies beobachtet werden.

4.3 Literatur nach 1945 (bis 1989)

Paradoxerweise feiert das traditionelle Naturgedicht in den ersten Nachkriegsjahren, also in jenen „Zeiten, wo/Ein Gespräch über Bäume fast ein Verbrechen ist./Weil es ein Schweigen über so viele Untaten einschließt!" (Bertolt Brecht, „An die Nachgeborenen", 1934–1938; vgl. Klett Editionen, S. 90), eine Wiederauferstehung – als Gegenentwurf zu der aus den Fugen geratenen Welt des Faschismus und des Zweiten Weltkrieges. So wird etwa in dem Gedicht „Heile Welt" (1950) von Werner Bergengruen auf eine von den Menschen unbeeinflussbare höhere Ordnung verwiesen („Felsen wachsen, Ströme gleiten,/ und der Tau fällt unverletzt./Und dir ist von Ewigkeiten/Rast und Wanderbahn gesetzt."). In den Gedichten treten dabei oft das Ich und seine Gefühle hinter die Darstellung der Natur und ihrer Ordnung zurück; das lyrische Sprechen hat den Charakter einer Beschwörung der Dinge (ist also nicht rein sachlich bzw. realistisch), weshalb diese Lyrik auch als naturmagisch bezeichnet wird.

Die nachfolgende Generation – darunter etwa Günter Eich (vgl. „Der große Lübbe-See", „Ende eines Sommers", 1955; Klett Editionen, S. 52, 55) und Johannes Bobrowski (vgl. „Ebene", 1960; Klett Editionen, S. 53) – greift dann zwar die naturmagischen Motive ihrer Vorgänger wieder auf, wendet sich jedoch gegen die Stilisierung einer vom Menschen losgelösten, heilen Natur.

Auch für die „hermetische Lyrik" (insbesondere Paul Celan, Ingeborg Bachmann), die sich dem mühelosen Verstehen eher verwehrt, ist die Natur ein Bildspender zunächst rätselhafter Chiffren (vgl. Bachmann, „Die große Fracht", 1953; Celan, „Fadensonnen", 1963/1965; Nelly Sachs, „Schmetterling", 1944–1946; Klett Editionen, S. 54, 57). Die Aufladung dieser Chiffren mit Bedeutung ergibt sich aus der vertiefenden Auseinandersetzung zwischen Text und Leser.

In den 1960er- und 1970er-Jahren werden in der Naturlyrik – teils im Rahmen einer Politisierung der Lyrik, teils als allgemeine Gesellschaftskritik – zunehmend kritische Aspekte betont (z. B. Jürgen Becker, „Der März in der Luft des Hochhauses", 1977; Klett Editionen, S. 59), die vom Menschen zerstörte Natur rückt mehr und mehr in den Fokus (z. B. Sarah Kirsch, „Grünes Land", „Im Sommer", 1974; vgl. Klett Editionen, S. 58, 82; oder Christoph Meckel, „Andere Erde", 1974; vgl. Klett Editionen, S. 83).

4.4 Gegenwartsliteratur (ab 1989)

Die neueste Literatur knüpft an diese Tradition an, indem sie eine kritische Bestandsaufnahme vornimmt und an die verloren gegangene Natur erinnert (wie in Silke Scheuermanns Gedicht „Labor", 2001: „Wir wispern von Ohrzuohr/dass alles anders war früher/besser arrangiert/Durchs riesige Kinderzimmer/säuselten Waldgeschichten"; vgl. Klett Editionen, S. 62; oder auch im Gedicht „Ein Orakel in der Nähe", 1990, von Jürgen Theobaldy; vgl. KV 16, S. 36). Zeitgleich zu dieser eher rückwärtsgewandten Sicht der Natur entwickelt sich eine lyrische Haltung, die der eigenen Naturempfindung reflektierend und skeptisch, aber nicht hoffnungslos gegenübersteht (Norbert Hummelt, „der turmfalk", 2001; vgl. KV 16, S. 36). Eine dritte Linie zeichnet sich durch einen äußerst kühlen, distanzierten, naturwissenschaftlich geprägten Blick auf die Natur aus. In diesem fast schon brutalen Materialismus sind alle religiösen oder metaphysischen Sinnkonzepte aufgegeben. Der Mensch und die Dinge der Natur sind Körperwesen, nicht mehr (vgl. Durs Grünbein, „Schädelbasislektion I", 1991; KV 16, S. 36; und „Biologischer Walzer", 1994; Klett Editionen, S. 61).

Formal ist diese gegenwärtige Lyrik durch freie Formen (Verse von unterschiedlicher Länge, ohne Gliederung in regelmäßige Strophen, kein fließender Rhythmus), das Spiel mit Zitaten (neben intertextuellen Bezügen werden oft auch Phraseologismen aufgegriffen), Doppeldeutigkeiten und Ironie gekennzeichnet. Die Sprache ist dabei meist einfach, es fehlt jedes Pathos, Inhalte werden nur selten durch Metaphern oder Chiffren verschlüsselt.

Kommentare und Lösungen

Modul I: Zugänge

INTENTION	Das Modul führt die Schüler an das Thema „Natur und Mensch“ heran und bereitet sie auf die Erschließung der Naturlyrik vor. Die Schüler setzen sich mit zentralen Fragestellungen zum Thema auseinander und beginnen darüber nachzudenken, in welchem Verhältnis Natur und Mensch zueinander stehen.
ZEITBEDARF	1 Unterrichtsstunde / 60 Minuten (KV 1)
MATERIAL	KV 1: Einen Zugang zum Thema finden *Klett Editionen, Materialien, S. 102: Antony Gormley: Horizon Field, Landschaftsinstallation*
DIDAKTISCHE HINWEISE	Bei KV 1 geht es um eine erste Annäherung an das Thema „Natur und Mensch“. Die Schüler sollen durch Reflexion zentraler Gedanken und unterschiedlicher Naturauffassungen auf das Thema vorbereitet werden. Die produktive Auseinandersetzung mit Haikus und die thematische Untersuchung eines Naturgedichts schaffen die Grundlage für spätere Gedichtinterpretationen.

ZIELVORSTELLUNGEN/ KOMPETENZ-BESCHREIBUNGEN	Die Schülerinnen und Schüler erwerben bzw. verfestigen folgende Kompetenzen: Sie – erschließen Themenfelder und Fragestellungen zum Thema „Natur und Mensch“ – reflektieren das Thema unter dem Aspekt von Leitgedanken (Umgang mit Zitaten) – erkennen thematische und formale Textregeln (Haiku) und wenden diese an
DURCHFÜHRUNG/ UNTERRICHTSSCHRITTE	1. Zum Einstieg blendet die Lehrkraft die Abbildung der Gormley-Installation „Horizon Field“ (Klett Editionen, S. 102) per Folie oder Beamer ein. Die Schüler werden nun aufgefordert, auf einem DIN-A3-Blatt die Gormley-Figur zu skizzieren und in einem Cluster ihre Gedanken zu dieser Figur festzuhalten (Aufgabe 1). Alternativ können die Schüler in einem kurzen Brainstorming ihre Assoziationen zu der Installation artikulieren. 2. Die Schüler erarbeiten zum Thema „Natur und Mensch“ in Partnerarbeit Regeln, nach denen ein Haiku gebaut ist (Aufgabe 2). Sie verfassen selbst ein Haiku und stellen es per Folie oder Tafelanschrieb vor. In ihren Rückmeldungen gehen Lehrkraft bzw. Schüler auf die „Textregeln“ ein. 3. Bei Aufgabe 3 wählen die Schüler aus den Zitaten von Epikur von Samos, Alexander von Humboldt und Bertolt Brecht eines aus und verfassen hierzu eine Dreiminuten-Rede, die sie anschließend halten. Dabei tauschen sie sich über verschiedene Sichtweisen bezüglich des Verhältnisses von Natur und Mensch aus. 4. Im Rahmen der thematischen Untersuchung des Gedichts „Gelassene Natur“ von Marie Luise Kaschnitz entwickeln die Schüler ein erstes Verständnis dafür, welche thematischen Aspekte zu betrachten sind, um ein Gedicht zu erschließen (Aufgaben 4 und 5). Mithilfe des Arbeitsblattes „Gedichte thematisch untersuchen“ gehen sie bei ihrer Analyse strukturiert vor. Danach diskutieren die Schüler die Naturauffassung von Marie Luise Kaschnitz. 5. In einer möglichen Erweiterung gestalten die Schüler eine individuelle Auftaktseite (Heft/Ordner) zum neuen Lyrik-Thema.

Lösungen

Klett Stundenblätter → S. 10/11

Kopiervorlage 1

1 Die Gormley-Installation „Horizon Field" umkreist thematisch die Beziehung des Menschen zur Natur. Mögliche Assoziationen im Zusammenhang mit der präsentierten Figur sind: Haltung und Blick könnten Beherrschungsabsicht („Vermessungsblicke") signalisieren; Nacktheit als Zeichen der Verletzlichkeit; Material: Eisen, d.h. aus Erde gemacht, zu Erde geworden/Vergänglichkeit (die Figuren rosten); Sonderstellung des Menschen in der Natur; Kommunikation; Bezogenheit auf den anderen Menschen (i.e.S. die anderen „Eisenmänner").

2 Haikus sind sehr kurze Gedichte aus einer weit zurück reichenden japanischen Lyriktradition. Ein Haiku besteht meistens aus drei Versen, aufgeteilt in Wortgruppen von meist 5-7-5 Lauteinheiten. Bestimmend für Haikus ist darüber hinaus: a) Sie gehen von einem konkreten Naturbild aus; b) die Präsensform zeigt an, dass es sich um momentane Eindrücke handelt; c) sie enthalten eine Bewegung (Verben); d) typische Bauelemente sind Kontrast und Verstärkung. Auf einfacher Ebene lassen sich Haikus durch W-Fragen (z.B. Wer?, Was?, Wo?, Wann?) erschließen.

3 Mögliche Gedanken der Schüler: *zu Epikur:* Natur verbindet sich mit der Vorstellung von Unverfälschtheit, Unschuld, Echtheit, vorzivilisatorischer „Reinheit"; *zu Humboldt:* Abgrenzung des Naturerlebens von der naturwissenschaftlichen Erfassung der Natur/Vermessung der Natur; das Naturempfinden erscheint als Gefühl einer Allsympathie; *zu Brecht:* kritische Reflexion über die Vermitteltheit der Hinwendung zur Natur; Naturschwärmerei wird als Form der Zivilisationsflucht beschreibbar (Natur als Nische, Idyllisierung).

4

Thematische Aspekte	Analyse
I. Was wird dargestellt?	
Welche Elemente/Bereiche der Natur werden dargestellt?	Reale Naturgegenstände werden dargestellt: Frucht, Blütenbaum, Abendrot.
Handelt es sich beim dargestellten *Naturraum* eher um: eine Idylle (ein Paradies), einen intakten Raum, einen gestörten Raum oder um einen Schreckensraum?	Naturraum ist als schöner Raum definiert („Frucht im Schoß", „Ruh", „blüht", „schön") und bildet eine Gegenwelt zum negativ konnotierten menschlichen Raum („Schlacht", „lebendig tot", „Weh").
Werden bei den *Naturgegenständen* eher intakte oder beeinträchtigte bzw. gestörte oder zerstörte Elemente der Natur vorgestellt?	Die Intaktheit der Natur steht im Kontrast zur leidenden Menschheit (Lärm der Schlacht, Erschlagene).
Erscheint die Natur aktiv oder passiv, als Subjekt oder als Objekt?	Die Aktivität der Natur gilt ihr selbst, nicht den Menschen.
Wird die Natur ursprünglich/wild, ewig oder zivilisiert/kultiviert/domestiziert dargestellt? Ist sie veränderbar?	Natur ist ewig, unveränderlich, im Wesentlichen auch „un"-menschlich.
II. Wie ist das Verhältnis zwischen Mensch und Natur?	
Ist der Mensch ein Teil, ein Gegenüber oder ein Gegensatz zur Natur?	Der Mensch ist nicht Teil, sondern das Gegenüber der Natur. Erst am Ende seines Lebens findet er Eingang in diese (Trost: „Das ist genug").
Wie verhält sich das Ich zur Natur?	diagnostizierende, kühle Betrachtung
Wird die Natur als menschenfreundlich oder menschenfeindlich oder indifferent wahrgenommen?	Natur ist indifferent, i.e.S. gleichgültig, „gelassen" gegenüber dem Einzelnen.
III. Wie ist das Thema „Natur und Mensch" gestaltet? – eher distanziert und sachlich? – eher emotional und subjektiv? – eher realistisch und konkret (faktisch dokumentierbar)? – eher bildlich (metaphorisch, symbolisch)?	eher sachliche Feststellung, Unterton: vorwurfsvolle Ansprache eines Menschen, der dieser Natur neidet, was ihm mangelt (Ruhe, Schönheit, Fruchtbarkeit, Ewigkeit). Natur ist gleichermaßen real wie bildlich zu verstehen, nämlich als personifizierter/anthropomorphisierter Gesprächspartner („Du hegst und pflegst", „Du achtest nur", „Dein Ohr")

5 Kaschnitz' Naturverständnis beinhaltet eine Dichotomie: Die Natur ist gleichermaßen schön wie in ihrer Unberührtheit auch schrecklich. Der leidende Mensch (das Gedicht ist 1944 verfasst worden und spiegelt die Kriegserfahrung) findet in ihr keinen Trost. Andererseits könnten die ewigen Naturgesetze den Menschen auch Orientierung bieten. Die Ambivalenz wird nüchtern konstatiert (Kaschnitz war auch Biologin).

Modul II: Vom Sturm und Drang zum Realismus

INTENTION	Im Zentrum dieses Moduls steht die differenzierte Beschäftigung mit den Naturbildern des Sturm und Drang, der Weimarer Klassik, der Romantik und des Realismus. Die Schüler erkennen im Verlauf, dass das Naturverständnis über die Epochen hinweg einem steten Wandel unterworfen ist.
ZEITBEDARF	1 Doppelstunde, 1 Einzelstunde (KV 2), 1 Einzelstunde (KV 3), 1 Doppelstunde (KV 4), 1 Doppelstunde (KV 5), 1 Einzelstunde (KV 6), 1 Einzelstunde (KV 7), 1 Doppelstunde (KV 8), 1 Doppelstunde (KV 9), 1 Einzelstunde (KV 10)
MATERIAL	KV 2: Die Naturauffassung im Sturm und Drang kennenlernen *Klett Editionen, Materialien, S. 107: Johann Wolfgang von Goethe: Glückliche Tage* *Klett Editionen, Materialien, S. 107: Definitionen: Erlebnislyrik* *Klett Editionen, Materialien, S. 110 f.: Johann Wolfgang von Goethe: Die Leiden des jungen Werther* *Klett Editionen, Materialien, S. 108 f.: Friedrich Leopold Graf zu Stolberg: Über die Fülle des Herzens* KV 3: Das Natur- und Weltverständnis der Weimarer Klassik untersuchen KV 4: Poetologische Konzepte der Weimarer Klassik erschließen *Klett Editionen, Materialien, S. 112 f.: Johann Wolfgang von Goethe: Italienische Küstenlandschaft bei Vollmond (Zeichnung); Italienische Reise (Tagebucheintrag vom 7. Mai 1787)* *Klett Editionen, Materialien, S. 114 f.: Friedrich Schiller: Die Harmonie des Ganzen* *Klett Editionen, Materialien, S. 115: Friedrich Schiller: Natur und Kultur* KV 5: Goethes Symbolbegriff verstehen *Klett Editionen, Materialien, S. 116: Johann Wolfgang von Goethe: Über das Symbol* *Klett Editionen, Materialien, S. 117: Johann Wolfgang von Goethe: Rosenlob; Norbert Mecklenburg: Die Rose als vollkommenes Symbol* KV 6: Romantisches Naturverständnis kennenlernen *Klett Editionen, Texte, S. 27: Joseph von Eichendorff: Frische Fahrt* *Klett Editionen, Texte, S. 34: Joseph von Eichendorff: Sehnsucht* *Klett Editionen, Materialien, S. 118: Novalis: Aus den Kunstfragmenten* KV 7: Themen und Gestaltungsweisen der Romantik analysieren *Klett Editionen, Texte, S. 27: Joseph von Eichendorff: Frische Fahrt* *Klett Editionen, Materialien, S. 120 f.: Wilhelm Wackenroder: Von zwei wunderbaren Sprachen* KV 8: Romantische Chiffren verstehen *Klett Editionen, Materialien, S. 118: Novalis: Aus den Kunstfragmenten* KV 9: Die Auflösung der Idylle im Realismus erkennen *Klett Editionen, Materialien, S. 121 und S. 132 f.: Caspar David Friedrich: Dorflandschaft bei Morgenbeleuchtung (Einsamer Baum), Claude Monet: Pappeln am Ufer der Epte im Herbst, Ernst Ludwig Kirchner: Berg-Vorfrühling mit Lärchen* *Klett Editionen, Materialien, S. 124: Theodor Storm: Über Lyrik* *Klett Editionen, Texte, S. 35: Joseph von Eichendorff: Mondnacht* KV 10: Die Natur als Gegenstand symbolischer Abstraktion untersuchen
DIDAKTISCHE HINWEISE	Bei KV 2 ist der Lernweg so konzipiert, dass die Schüler ausgehend vom Text zunächst die Haltung des lyrischen Ich zur Natur erschließen. Danach sichern sie das Textverständnis und entwickeln ein Deutungskonzept. Im Zentrum der Stunde steht die Erarbeitung eines Epochenprofils für die Naturdichtung des Sturm und Drang. Die Kopiervorlagen 3, 4 und 5 sollten im Verbund erarbeitet werden. KV 3 führt die Schüler in das Welt- und Naturverständnis der Weimarer Klassik ein. Im Mittelpunkt von KV 4 steht der poetologische Rahmen der Dichtung der Weimarer Klassik. KV 5 widmet sich der ästhetischen Umsetzung von Welt- und Naturverständnis und poetischem Konzept dieser Epoche.

Die Kopiervorlagen 6, 7 und 8 vermitteln den Schülern das Naturverständnis der Romantik. KV 6 führt die Schüler zum Thema „Natur und Mensch“ in der Romantik hin. In KV 7 erfolgt eine vertiefte Auseinandersetzung mit romantischen Gestaltungsmitteln. KV 8 macht die Schüler mit dem Gestaltungsmittel der romantischen Chiffre vertraut und mündet in eine komplette aspektorientierte Gedichtanalyse.

Die Kopiervorlagen 9 und 10 verdeutlichen die Epochenunterschiede zwischen Romantik und Realismus. Die Schüler erarbeiten sich ein Verständnis der Naturlyrik des Realismus, die sich in bewusster Abgrenzung von vorhergehenden Epochen um einen einfachen, nüchternen Ton bemüht und bewusst auf romantische Motive und Ausdrucksvielfalt verzichtet.

ZIELVORSTELLUNGEN/ KOMPETENZ-BESCHREIBUNGEN

Die Schülerinnen und Schüler erwerben bzw. verfestigen folgende Kompetenzen: Sie

- untersuchen Gedichte aspektbezogen
- werten Sachtexte aus und nutzen diese für die Deutung literarischer Texte
- erwerben literarisches Orientierungswissen und wenden es an
- setzen sich fachbegrifflich mit literarischen Texten auseinander
- interpretieren Abbildungen und stellen zentrale Bezüge zwischen ihnen und einem literarischen Text her
- interpretieren die formale Gestaltung eines Gedichts im inhaltlichen Zusammenhang
- leiten von einer Notenfolge das Textverständnis des Komponisten ab
- erwerben Strategien des Textverständnisses
- erkennen Funktionen sprachlicher Gestaltung und werten diese aus

DURCHFÜHRUNG/ UNTERRICHTSSCHRITTE

1. Bei KV 2 fertigen die Schüler zur Vorbereitung des Gedichtvortrags eine Lesepartitur zu Goethes „Maifest“ an (Aufgabe 2). Im Anschluss an die Analyse der „Sprache des Herzens“ des Sturm und Drang folgt die Einordnung des Gedichts (Aufgaben 5 und 6). Die Beschäftigung mit Goethes Briefroman „Die Leiden des jungen Werther“ (Aufgabe 7) könnte im Rahmen einer Hausaufgabe erfolgen. Für die Erarbeitung des Epochenprofils (Aufgabe 9) bietet sich Gruppenarbeit an. Die Merkmale können in Form einer Mindmap zusammengestellt werden. Im Rahmen einer weiteren Hausaufgabe vergleichen die Schüler Goethes „Maifest“ mit Brockes „Kirschblüte bei der Nacht“ (Aufgabe 11). Die Lehrkraft sollte darauf hinweisen, dass Brockes mit seinen Gedichten den barocken „Vanitas“-Gedanken, worin Natur nur im Licht ihrer Vergänglichkeit reflektiert wird, aufbricht.
2. Bei KV 3 analysieren die Schüler zunächst unterschiedliche Fassungen von Goethes Gedicht „Ein Gleiches“ unter Beachtung von Inhalt, Wortwahl, Metrum und Rhythmus, Satzbau, Versbau sowie Strophenbau (Aufgabe 3). Nachdem sie ihr Textverständnis gesichert haben, interpretieren die Schüler zur Vertiefung Goethes Gedicht im Kontext seiner geologischen Forschungen („Über den Granit“; Aufgabe 5).
3. Im Zentrum der ersten Stunde zur Bearbeitung von KV 4 steht Goethes Gedicht „Natur und Kunst“, das die Schüler in den Epochenkontext einordnen. Dazu beschäftigen sie sich mit Goethes Zeichnung „Italienische Küstenlandschaft bei Vollmond“ und seinem Tagebucheintrag vom 7. Mai 1787 (Klett Editionen, S. 112 f.). Die zweite Stunde dient der Vertiefung. Die Schüler setzen sich mit Schillers Auffassung von „Freiheit“ auseinander (Kallias-Brief; Klett Editionen, S. 114 f.) sowie mit seiner Abhandlung „Über naive und sentimentalische Dichtung“ (Klett Editionen, S. 115). Zum Abschluss fertigen sie ein Lernplakat an, das die Grundgedanken der klassischen Naturauffassung zusammenfasst (Aufgabe 5).
4. KV 5 widmet sich Goethes Symbolbegriff. Dabei entwerfen die Schüler eine Skizzenfolge zu Goethes Gedicht „Mächtiges Überraschen“ (Aufgabe 1). Nach der Sicherung des Textverständnisses und einer Analyse des Gedichts beschäftigen sie sich vertiefend mit Goethes Schrift „Polarität und Steigerung“ (Aufgabe 5). Danach erarbeiten sie mithilfe einer Mindmap das klassische Ideal der Ausgewogenheit und Harmonie (Aufgabe 6). Zum Abschluss stellen die Schüler anhand des Gedichts „Früh, wenn Tal, Gebirg und Garten“ einen Epochenzusammenhang her. Im Rahmen einer Hausaufgabe formulieren sie einen darstellenden Text zur Symbolik in diesem Gedicht.

5. Im Vergleich C. D. Friedrichs Gemälde „Frau vor Morgensonne/Frau vor untergehender Sonne“ mit Eichendorffs Gedicht „Frische Fahrt“ erarbeiten die Schüler bei KV 6 zentrale Themen und Motive der Romantik. Die Aufgaben 3 und 4 kann die Lehrkraft als Gruppenarbeitsauftrag (evtl. Teilung der Klasse, Partnerarbeit) stellen. Im weiteren Verlauf werden die Kenntnisse vertieft. Aufgabe 7 können die Schüler im Rahmen einer Hausaufgabe bearbeiten.
6. Anhand von Eichendorffs Gedicht „Mondnacht“, dessen Vertonung durch Robert Schumann, C. D. Friedrichs Gemälde „Zwei Männer in Betrachtung des Mondes“ und Wackenroders Aufsatz „Von zwei wunderbaren Sprachen“ erschließen die Schüler bei KV 7 epochentypische Merkmale der Romantik.
7. KV 8 macht die Schüler mit dem Gestaltungsmittel der romantischen Chiffre vertraut. Auf der Grundlage des Arbeitsblattes „Eine Stoffsammlung für die Analyse und Interpretation eines Gedichts anlegen“ (S. 54) erarbeiten sie in Arbeits-/Expertengruppen eine umfassende Analyse zu Brentanos Gedicht „Sprich aus der Ferne“ (Aufgabe 5). Zum Abschluss der Stunde fassen sie epochentypische Merkmale romantischer Lyrik zusammen (Aufgabe 7).
8. Die Erarbeitung von KV 9 kann selbstständig durch die Schüler als Hausaufgabe erfolgen, müsste aber mit Blick auf die Epochenmerkmale des Realismus in Abgrenzung zur Romantik (Aufgaben 9 und 10) im Kurs gründlich nachbesprochen werden.
9. KV 10 kann ebenfalls weitgehend selbstständig durch die Schüler bearbeitet werden. Dabei ist das Gedicht „Schwarzschattende Kastanie“ von Conrad Ferdinand Meyer für das Verständnis sowohl der Epochen Romantik und Realismus wie auch als Vorbote der Moderne so zentral, dass Aufgabe 7 nach einer mündlichen Auswertung auch noch in schriftlicher Form von den Schülern ausgearbeitet werden sollte.

Lösungen

Klett Stundenblätter → S. 12/13

Kopiervorlage 2

1 Mögliche Antworten: enthusiastisch, selig, selbstbewusst, begeistert, pathetisch, gefühlvoll, feierlich (hymnisch).

2 Ziel der Ausarbeitung der Lesepartitur und des Vortrags ist es, den Enthusiasmus hörbar zu machen (durch Tempo, lebhafte Stimmführung, Lautstärke); besonders gelungen ist der Vortrag, wenn die reflexivere Passage (ab: „So liebt die Lerche“) im Vortrag herauszuhören ist.

3 Im Kern geht es um eine inhaltliche Gliederung des Gedichts, aus der hervorgeht, dass das Liebesthema sukzessive entfaltet wird. Eröffnet wird das Thema mit einer Allverbundenheitsempfindung/Verschmelzung von Natur und Ich (Strophen 1–3); vertieft wird dieses Gefühl in der direkten Anrede der Liebe (Strophen 4 und 5), die erst die „Einheit von Erd und Sonne [schafft]“; im dritten Sinnabschnitt wird die Liebe im „Mädchen“ konkretisiert. Die göttliche Liebe bildet den Hintergrund und den Rahmen dieser zwischenmenschlichen Liebe. Im Fokus der dreifachen Liebeserklärung steht das Ich. Entsprechend könnte auch die grafische Skizze aussehen:

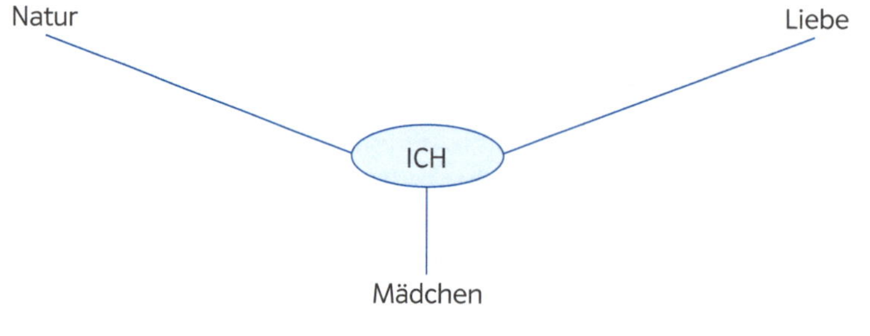

4

Analyseaspekte	Textbeispiele	Wirkung/Funktion der Gestaltungsmittel
Wortwahl	herrlich (V. 1), leuchtet (V. 2), glänzt (V. 3) Erd, Sonne, Glück, Lust segnest herrlich im Blütendampfe (V. 19) usw.	– Verben und Adjektive vermitteln ein optisches Leuchten. – Inhaltswörter tragen die Verschmelzung von Himmel/Erde/Ich. – religiöse Konnotation – Kombination von Kraft und Zartheit (Neologismus)
Satz (Satzart, Satzbau)	Wie herrlich ...! Wie glänzt ...! O Erd, o Sonne! O Lieb', o Liebe! usw. So liebt ... gibst. (V. 25–33)	– Die Ausrufe/elliptischen Sätze vermitteln die Begeisterung des Ich. – O (wie Ach) als „Seelenlaut" – Der hypotaktische Satz (über zwei Strophen) stützt den Eindruck, dass hier die Begeisterung der Reflexion weicht (2 Relativsätze).
Bilder	Sonne, Morgenwolken, frisches Feld Lacht die Flur/ So liebt die Lerche ... (V. 25ff.)	– Landschaft im Maienmorgen; wenig konkrete Gegenständlichkeit, sondern Entfaltung einer Atmosphäre. – Personifikationen und Vergleiche mit der Natur (als Modell der Liebe).
Rhetorische Figuren	Wie glänzt die Sonne/Wie lacht die Flur (V. 3, 5) O Erd, o Sonne!/O Glück, o Lust! aus jedem Zweig Tausend Stimmen	– Anaphern und Parallelismen vermitteln das Gefühl der Einheit/Zusammengehörigkeit. – Hyperbeln bringen den Gefühlsüberschwang zum Ausdruck.
Rhythmus	Es dringen Blüten x 'x x 'x x x 'x x 'x aus jedem Zweig	– lebhafter, drängender, treibender Rhyhtmus/Tempo, nach oben geführte Stimmführung/Satzmelodie
Metrum	[']x 'x x 'x Mir die Natur	– Ausnahme, z. B. „Mir" (trägt nicht die metrische, sondern die Sinnbetonung), ist in ihrer Bedeutung hervorgehoben.
Klang	Wie herrlich leuchtet mir die Natur	– Helle Vokale begleiten die optische Helligkeit.
Bauformen Strophe/Vers	z. B. Strophe 1	– Gleicher Strophenbau (Liedstrophe), im Einzelnen: Zwei Kurzzeilen ergeben jeweils eine Langzeile; zwei Langzeilen, die sich reimen, bilden jeweils die Strophe. – Inmitten der freudigen Aufgewühltheit entsteht so ein Gefühl von Kontinuität und Ordnung.

5 Die Auswertung des Auszugs aus „Dichtung und Wahrheit" verleiht dem Gedicht einen biografischen Hintergrund und damit einen vordergründig plausiblen Entstehungszusammenhang. Die Entstehung des Gedichts (vermutlich im Anschluss an ein Maifest in Sesenheim entstanden) hängt mit der konkreten Liebeserfahrung Goethes und Friederike Brions zusammen. Dieser Zusammenhang ist bis ins Detail konstruiert, wenn Goethe in seinen Erinnerungen darauf hinweist, dass „unter diesen Umgebungen ... unversehens die Lust zu dichten, die ich lange nicht gefühlt hatte, wieder hervor[trat]". Diese Wirkung Friederikes ist in den Versen „Die du mir Jugend/Und Freud' und Mut/Zu neuen Liedern/Und Tänzen gibst" greifbar.

6 1) Vorgänge haben die Form eines Erlebnisses; diese müssen nicht real, sondern für den Leser glaubhaft sein. Bezogen auf das „Maifest": Entscheidend ist nicht, ob es diesen Moment im Mai gegeben hat, sondern dass diese Situation (Glück der Liebe und persönliches Liebesglück) in diesem Maimorgen-Erlebnis glaubhaft vermittelt wird.

2) Das Erlebnis selbst kann fiktiv sein, real sind das lyrische Ich und dessen Aussage. Auf das „Maifest" bezogen: Der Moment im Mai und die konkrete Liebesbeziehung mit Friederike könnten fiktiv sein; nicht fiktiv ist das lyrische Ich, das einer universellen Glücks- und Liebesempfindung den einzig angemessenen subjektiven Ausdruck verleiht.

7 Die ausgewählten Textstellen zeigen, dass die Natur den Ausdrucksraum der jeweiligen Stimmung bildet. Im Brief vom 10. Mai spiegelt sich Werthers Freude über die als Befreiung erlebte Lösung vom Stadtleben („So froh bin ich, dass ich weg bin") in einer als seelenverwandt empfundenen Natur, in der Makrokosmos („Gegenwart des Allmächtigen"), Mikrokosmos („Würmchen", „Mückchen") und Ich ineinander verschmelzen („die Welt um mich her und der Himmel ganz in meiner Seele ruhn"). Im Brief vom 18. August spiegelt sich die momentane Verdüsterung seiner inneren Situation – nach dem Auftreten des Verlobten Lottes – unmittelbar in der als Bedrohung vergegenwärtigten Natur.

8 **a)** Die Gemeinsamkeit besteht in dem Erlebnis der Verschmelzung von Ich und Natur. Zentraler Unterschied ist die Haltung gegenüber der Natur, wie sie im August-Brief zum Ausdruck kommt. Dort ist das Ich nicht Teil, sondern ein geängstigtes Gegenüber der Natur, die als zerstörerische und brachiale Kraft erlebt wird: „Ich sehe nichts als ein ewig verschlingendes, ewig wiederkäuendes Ungeheuer", in dem dieses Ich unterzugehen droht. Das Modell zu diesem Naturverständnis lieferte vermutlich das Erdbeben von Lissabon (1755), das der junge Goethe bewusst zur Kenntnis genommen hatte (vgl. Dichtung und Wahrheit).

b) Während im „Mailied" das Gefühl inniger Naturverbundenheit in der Formensprache der Lyrik (Lied, Bilder, Rhyhtmus, Klang) realisiert ist, entwirft die erzählende Darstellung des Naturempfindens eine konkrete und differenziertere Szene (Maienmorgen, Sonne, Waldlichtung, hohes Gras, fallender Bach, Würmchen, Mückchen). Sprachliche Mittel dieser welthaltigeren Naturverbundenheit sind: Präsens, Aufzählungen (der Schönheiten dieser Welt), Adjektivreichtum, Wenn-dann-Konstruktion über einen auffällig langen Satz (V. 7–16 ff.), in dem die Wahrnehmungsbedingungen der Verschmelzungssehnsucht vorgestellt werden, Verben (Lebendigkeitssignale) Schlüsselwörter („Herzen", 2 x „fühle"), Häufungen der Pronomen (ich, mein, mir …), Briefform (als Zeichen authentischer Subjektivität), Interjektion („Mein Freund!").

9 Epochentypische Merkmale: Das Ich ist Teil der Natur (Verschmelzung); im Zentrum steht das Gefühl, das dem Ich die Natur erschließt; Natur als „Spiegel der Seele"; Makrokosmos und Mikrokosmos sind harmonisch verbunden; das Land (freie Natur) befreit das Ich von den Zwängen des Stadtlebens und gibt den „Starkempfindenden" Kraft und Stärke; das Naturerleben vermittelt das Gefühl der Nähe zum „Allmächtigen".

10 Vorgestellt wird eine Nachtsituation; ein lyrisches Ich, das in dieser Nacht im Mondlicht einen blühenden Kirschbaum betrachtet. Das strahlende Weiß der Blüten wird, wenn das Ich die Augen zum Himmel erhebt, vom Sternenlicht übertroffen. – Das Gedicht wird in einer neunbändigen Gedichtsammlung (1721–1747) veröffentlicht, die den Titel „Irdisches Vergnügen in Gott" trägt. Diese Überschrift ist auch das Thema des vorliegenden Gedichts. Die vorgestellte Natur ist ein Zeichen einer hinter und über der Natur wirkenden Göttlichkeit. Entsprechend ist auch der Bau komponiert. Der erste Teil der ersten Strophe (V. 1–14) gilt der säkularen Bewunderung der Kirschblüte bei Nacht; der zweite Teil (V. 15–25) vergleicht die Kirschblüte mit einem überirdischen Sternenlicht. Dass dieses nur einen Abglanz des Göttlichen darstellt, ist Gegenstand der abgesetzten zweiten Strophe (V. 26 bis Schluss), in der die Erfahrung insgesamt reflektiert wird.

11

Barthold Heinrich Brockes: Kirschblüte bei der Nacht	Johann Wolfgang von Goethe: Maifest
Abwendung von der Verfallsrhetorik des Barock; Hinwendung zur konkreten Wirklichkeit. Allerdings: Diese Wirklichkeit der Natur verweist auf eine höhere, göttliche Natur. In der „physikotheologischen" Lehre, der Brockes folgte, zeigt sich im Bauplan des Diesseits der ewige Schöpfungsplan.	Das Naturempfinden des Ich bezieht sich auf keinen konkreten Gegenstand. Das Gegenständliche wird in eine „Atmosphäre" aufgelöst.
Das Ich „betrachtet" seinen Gegenstand, i. e.: Es schaut ihn mit differenzierter Sorgfalt und (wissenschaftlichem) Interesse, aber auch distanziert an. Subjekt und Objekt der Betrachtung sind klar geschieden. Offenkundig ist auch der belehrende Ton des Gedichts, der sich im didaktischen Aufbau spiegelt.	Der lyrische Gegenstand (Maientag) und das Ich spiegeln sich ineinander und verschmelzen im Empfinden. Der Text ist kein Gefühlsausbruch, aber Reflexion und „Komposition" des Ganzen.

Klett Stundenblätter → S. 14

Kopiervorlage 3

1 Das Textmuster mit dem senkrecht nach unten gerichteten Pfeil gibt die gedankliche Struktur des Gedichts (von oben nach unten: anorganische Natur [Stein], Flora, Fauna, Mensch) und die Entwicklung des Blickes im Gedicht (von oben nach unten) wieder.

2 Die Aufgabe dient als Gesprächsanlass über Deutungen, die im Kern alle möglich sind, was den universalen Charakter des Gedichts zeigt: ein Naturgedicht (weil Elemente der Natur vorhanden sind), ein Gedicht über den Tod (weil der Begriff „Ruhe" diese Deutung nahelegt, Analogie zum Ende des Tages), ein Gedicht über die Ordnung der Schöpfung (weil der eröffnete Raum Himmel und Erde umfasst), ein Abendgedicht (weil es den zu Ende gehenden Tag darstellt), ein Liebesgedicht (weil es, wenn man das lyr. Du mit Frau von Stein gleichsetzt, an die Goethe das Gedicht schickt [hierauf müsste die Lehrkraft hinweisen], als „Ausdruck des sich beruhigenden Liebesverhältnisses" [vgl. Wulf Segebrecht: Gedichte und Interpretationen, Band 3, Ditzingen: Reclam Verlag, 1986, S. 66] verstanden werden kann); ein Gedicht über eine Heimkehr (weil es ein „Gleiches" zu „Wanderers Nachtlied" ist), eine Warnung und eine Tröstung (weil die letzten beiden Verse so verstanden werden können).

3

~~Wälder~~	Wipfel	Binnenreim zu Gipfel; Perspektive wird nach oben geöffnet
~~Hörest~~	Spürest	Hören vermittelt die Ruhe nur akustisch; Spüren ist ein umfassenderer Wahrnehmungsvorgang
~~Keinen Laut~~	Kaum einen Hauch	Hauch entspricht „Spüren"; „kaum" bildet eine Assonanz zu „Hauch", dadurch werden beide Wörter auch semantisch aufeinander bezogen (Wortfeld)
~~Vöglein~~	Vögelein	Volkslied-Ton
~~Balde, balde~~	Balde	2 x balde ist metrisch korrekt, wirkt aber unruhig
~~schläfst~~	ruhst	„ruhen" ist das Leitmotiv, es umfasst semantisch mehr als schlafen
~~du auch~~	du auch	„auch" am Ende des Gedichts ist nicht nur das geeignete Reimwort zu Hauch, sondern eröffnet auch die Analogiemöglichkeiten

4 Die Überarbeitung der Fassung legt nahe, dass Goethe die zentralen Leitmotive des Gedichts – Ruhe und Schöpfungsharmonie – systematisch auf allen Ebenen des lyrischen Sprechens entfaltete. – Auf der Wortebene (z. B. *ruhen* statt *schlafen; spüren* statt *hören*), auf der Ebene des Metrums (in der Cotta-Fassung regelmäßiger und v. a. weniger „kurzatmig"), auf der Ebene von Reim, Laut und Klang „harmonischer" (regelmäßigere Reimstruktur: abababba; Endreime, Binnenreime und Assonanzen binden auch die Bedeutungen enger aneinander), auf der Ebene der Verskomposition und des Rhythmus (die „unruhige" Textgestalt/Verskomposition der Cotta-Fassung wirkt beim Lesevortrag durch längere Satzbögen und intensivere Pausen parodoxerweise ruhiger).

5 **a)** Die Zuwendung Goethes zu den Steinen erklärt sich aus deren Ewigkeit und „Unerschütterlichkeit"; sie bildet den Kontrast zu den „menschlichen Herzen", mit denen er sich bislang befasste. Granit ist das Urgestein, er bildet die „Unterlage" der Erde. Auf einem Granitfelsen zu sitzen bedeutet, auf einem Urgrund zu sitzen, aus und auf dem sich alles aufbaut. Der Begriff „überschaut" ist in doppeltem Sinn zu verstehen: in der Bedeutung der Übersicht (von einem Gipfel aus) und in der Bedeutung, Aufbau und Werden der Welt zu verstehen.

b) Die Kenntnis des Essays ermöglicht eine vertiefte Deutung: Der im Gedicht eröffnete Raum (Himmel und Erde) erhält einen weiteren Rahmen: als eine umgekehrte Schöpfungsgeschichte (Stein, Pflanze, Tier, Mensch).

Klett Stundenblätter → S. 15

Kopiervorlage 4

1 1. Quartett: Überzeugung Goethes, dass Natur und Kunst (im Sinne von Kultur und Zivilisation, i. e. allem von Menschen Geschaffenen) sich nicht widersprechen, sondern im klassischen Menschen eine Synthese bilden. 2. Quartett: Der Wechsel von Arbeit und Mußestunden ist zeitlich klar geregelt, wobei der Kunst *Geist* und *Fleiß*, der Natur das *Herz* zugeordnet ist. Die Terzette verbinden das Antithetische: Vollendung verlangt Beschränkung auf das Wesentliche, Größe erreicht nur, wer Regeln nicht umstößt, sondern sich in deren Grenzen entfaltet. Zur Freiheit (Natur), sofern sie nicht Anarchie sein soll, gehören Gesetz und Form. Vom Künstler werden Maß und Bescheidenheit, Anstrengung und handwerkliche Sorgfalt, Fleiß und Respekt vor Traditionen verlangt.

Die Sonettform spiegelt in ihrer Bauweise (Entfaltung der Antithesen in den Quartetten; Synthese in den Terzetten) paradigmatisch die klassische Verbindung von Formbewusstsein und inhaltlicher Aussage.

2 Goethe wendet sich damit gegen die Vorstellung von Natur und Künstler, wie er es selbst in seiner Sturm-und-Drang-Zeit verkündet hatte. Für den jungen Goethe bedeutet Natur ein Versprechen der Freiheit (gegen die Zwänge der Zivilisation), Entfaltungsmöglichkeiten für das schöpferische und empfindende Individuum, für das Genie, das sich keiner Regel beugen will. Der klassische Goethe erkennt in dieser Ungebundenheit eine Verfehlung sowohl der Natur wie der Kunst.

3 Der Tagebucheintrag zu Taormina verdeutlicht, was „Natur und Kunst" verkündet: dass Natur und Kunst sich wechselseitig ergänzen. Die Kunst (hier: die Architektur) nützt das Halbrund der Natur zur Gestaltung des Amphitheaters. Natur wird Form, Form wird Natur (= natürlich). Die Skizze zeigt diesen Gedanken, wenn sie Bucht (Halbkreis) und Mondlicht (Sehne) im menschlichen Bauwerk (Brücke) wiederholt. Das Bild, das im Vers „und beide scheinen gleich mich anzuziehen" (V. 4) vermittelt wird, liefert eine anschauliche Darstellung des Dichters, der die Ansprüche der Natur/Natürlichkeit und der Kunst in sich vereint.

4 **a)** Die in „Natur und Kunst" formulierte Verpflichtung auf Regel/Norm/Gesetz zeigt sich im Text in der Sonettform, die Goethe hier wieder aufgreift und später weiterentwickelt. Er hält sich in Strophenform (2 Quartette, 2 Terzette), Metrik (5-hebiger Jambus), Reimschema (umarmender Reim, in den Terzetten: cde cde) und regelmäßig weiblichen Kadenzen an Vorgaben des poetischen Regelwerks. Freiheit und Gesetz sind im Gedicht insofern im „Ebenmaß der Gegensätze" (A. W. Schlegel) miteinander verbunden.

b) Schiller illustriert in seinen Studien über die Schönheit das Verhältnis zwischen Natur (Freiheit) und Kunst am Beispiel von Baum und Landschaft. Sein Fazit: Ein Baum, z. B. eine Pappel, ist schön (und damit ein Objekt des Malers), wenn sie von der „Freiheit Gebrauch macht, die [ihr] bei aller Technik [ihres] Baues gelassen ist", i. e. wenn sie schlank und vom Wind gebogen ist. Eine gekrümmte Pappel wäre nicht schön, weil sie unnatürlich wäre. Eine Landschaft ist schön, wenn die Teile, aus denen sie besteht, die „Harmonie des Ganzen" nicht stören. Beeinträchtigt ein Teil das Ganze, zum Beispiel, indem ein herabhängender Ast den Blick beschränkt, dann ist es die Freiheit der Kunst, diesen Ast „aus eigener Schwere" herunterzusenken, um dem Ganzen Geltung zu verschaffen. „Schönheit ist Freiheit in der Erscheinung."

5 Grundgedanken der klassischen Naturauffassung: universelle Harmonie des Weltganzen (Totalität); Natur und Mensch sind Teile einer Einheit, aber sie verschmelzen nicht (wie im Sturm und Drang); Wendung gegen den Sturm und Drang und dessen Naturbegeisterung; Formbewusstsein (vgl. Sonette) statt subjektivem/intensivem Naturerleben (Sturm und Drang); Künstlerbild: Reflexion und Anstrengung statt Leidenschaft und Genialität; höhere Einheit der Gegensätze: Natur und Kunst ergänzen sich, Kunst soll „natürlich" („ungekünstelt") sein, Natur erschließt sich dem, der Sinn für das Schöne hat; nicht die Natur ist schön, sondern das, was wir in ihr verkörpert sehen (z. B. Unschuld, Ursprünglichkeit, Echtheit).

Klett Stundenblätter → S. 16/17

Kopiervorlage 5

1 Die Skizzen können auf unterschiedliche Weise den lyrischen Vorgang abbilden. Im Kern wird es um die dreigliedrige Bewegung des Stroms gehen: das Strömen des Flusses/dynamische Unterbrechung: Felssturz und Wasserfall, die Bildung eines Sees, in dem sich das Gestirn spiegelt.

2 Vor allem die Verben und Partizipien tragen diese Bewegung. 1. Quartett: entrauscht, sich eilig zu verbinden, wandelt unaufhaltsam; 2. Quartett: stürzt, ihm folgen ⟷ hemmt, begrenzt; 1. Terzett: sprüht, staunt zurück, weichet, schwillt bergan, sich selbst zu trinken, gehemmt; 2. Terzett: schwankt, ruht, zurückgedeichet, sich spiegelnd, beschaun.

Besonders auffällig ist die zunehmende Vermenschlichung des Stroms bzw. der Welle, die über Verben und Partizipien realisiert wird. Eine genauere Untersuchung zeigt, dass diese Vermenschlichung der Landschaft bereits zu Beginn des Gedichts nachzuweisen ist, wenn dem aus dem „Felsensaale" entspringenden Fluss eine Absicht unterstellt wird („dem Ocean sich eilig zu verbinden").

3 Das zentrale Bild des Gedichts ist das des Stroms (These), der durch eine Naturgewalt (Antithese) aufgehalten wird. Aus diesem Gegensatz entsteht die Synthese aus Bewegung und Hemmung, der See, in metaphorischer Deutung: „neues Leben". Insofern enthält der offenkundig reale Vorgang gleichzeitig die Darstellung eines Allgemeinen oder Ideellen: Der (Lebens-)Weg zu dem, was als Ziel ins Auge gefasst ist, wird durch den Einbruch einer unvorhergesehenen Macht gehemmt; diese Hemmung mündet nicht in ein Scheitern; aus der erzwungenen Veränderung entsteht eine neue Qualität: der ruhende See als Bild eines neuen Lebensabschnitts.

4 Eigenschaft des Symbols: verwandelt eine reale Erscheinung in eine Idee und diese Idee in ein Bild; Funktion: Im Symbol ist das Allgemeine im Besonderen (konkret) anzuschauen.

Am Beispiel von „Mächtiges Überraschen" können diese Gedanken zunächst in der Symbolhaftigkeit des Stroms als Bild eines Lebenslaufs (und dessen Dreigliedrigkeit) nachvollzogen werden. In der Analyse anthropomorphisierender Sprachsignale (vgl. Analyse der Verben/Partizipien; vgl. auch Komposita wie „Felsensaale" oder Substantive wie Vater) wird diese symbolische Bedeutungsebene greifbar.

Exemplarisch konkretisieren und vertiefen lässt sich die Erschließung der Symbolik durch das textnahe Lesen. Im ersten Quartett sind die Spiegelungen des Wassers durch Flüchtigkeit und Wandlung gekennzeichnet; im letzten Terzett hält der Wasserspiegel das neue Bild fest: „Gestirne, spiegelnd sich". In diesem ruhigen Bild, worin sich das Oben im Unten wiederholt, scheint eine kosmische Einheit auf, die zuvor nicht geschaut oder erkannt ist.

In symbolischer Interpretation: Das „neue Leben" erhält eine neue Qualität: Die Veränderung führt in ein kontemplatives Leben (ruht, beschaun).

5 Zentrale Aussagen: Grundlage bleibt der Pantheismus, d. h. die Auffassung, dass sich in der Natur, in der Gesamtheit der Dinge, der einzige und höchste Gott offenbare; es gibt keine Materie ohne Geist und keinen Geist ohne Materie; die neue Erkenntnis gilt den „Antriebskräften" der Natur *(natura naturans)*. Goethe geht davon aus, dass die Natur durch „Polarität" und „Steigerung" gekennzeichnet sei. Polarität bezieht sich dabei auf die Materie (in seiner Farbenlehre zeigt er diese Polarität am Gegensatz von Licht und Dunkelheit), Steigerung auf das Geistige, i. e. eines Fortschreitens hin zum Vollkommenen.

Dieses Naturverständnis, dessen Verschriftlichung später entsteht als „Mächtiges Überraschen" (1808) kann in seinen Kernelementen auf das Gedicht bezogen werden. Die Polarität im Materiellen ist im Gegensatz zwischen der Kraft des Wassers und der Blockade des Felsens, in Bewegung und Stillstand präsent. Die Steigerung des Vorgangs im Geistigen erkennen wir in der nach Widerstand und heftiger Bewegung neu entstandenen Ruhe. Naturerkenntnis im Gedicht wird so Selbsterkenntnis des Menschen, der denselben Gesetzen unterliegt.

6 Das Ausgewogenheits-Ideal der Klassik zeigt sich mehrfach: im Inhalt (Vermittlung von Bewegung und Ruhe), in der Form (die Sonettform „bändigt" die inhaltliche Aufgewühltheit, die aus dem Aufeinanderprallen von Kraft und Gegenkraft entsteht), im Naturverständnis (Polarität und Steigerung als generelle Antriebskräfte der Natur/als „Naturgesetz"); in der symbolhaften Vermittlung, worin Anschauung und Idee, Objekt und Subjekt dargestellt sind.

7 **a)** Kontext: Das Spätgedicht Goethes entsteht 1828 während seines zweimonatigen Dornburger Aufenthalts. Es erscheint 1833 im Musenalmanach mit dem Hinweis auf die Entstehungszeit: September 1828. Die Dornburger Zeit ist erfüllt mit detaillierten meteorologischen Studien, die Goethe in Briefen und Tagebuchaufzeichnungen festhält; jene können als Beleg dafür dienen, dass das Gedicht sich ganz wesentlich diesen Naturstudien verdankt. Die Betrachtung des Himmels vom Sonnenaufgang bis zum Sonnenuntergang ist nicht nur Erlebnis-, sondern auch Forschungsgegenstand.
Deutung vor dem Hintergrund von Goethes Symbolbegriff: Das Gedicht geht über das Realstoffliche des einen Tages, der im Gedicht gezeigt wird (vom Sonnenaufgang bis zur Abenddämmerung) hinaus. Es schafft Zusammenhänge und Sinnbilder des menschlichen Daseins. Mögliche Anhaltspunkte einer Ausdifferenzierung der Symbolik: symbolische Bedeutung des einen Tages: ideelles Bild menschlichen Lebens; entsprechend Frühe und Abend als Beginn und Ende eines Lebens; die Frühe könnte auch in der Analogie zum Schöpfungsmorgen verstanden werden („Heilige Frühe"; Odyssee, IX. Gesang); symbolischer Gehalt der Sonne: Klarheit/Licht/Helligkeit; auch im Sinne eines Erkenntnisvorgangs/einer Erhellung (vgl. auch Verben wie „enthüllen"; die Wenn-Konstruktionen [V. 1–8], in denen Wahrnehmungsbedingungen aufgezählt werden).

b) Individuelle Lösungen sind gefragt.

Klett Stundenblätter → S. 18

Kopiervorlage 6

1 **a)** Das Bild, das um 1818 entsteht und über dessen Titel immer noch Unklarheit herrscht, erschließt in seiner perspektivischen Offenheit einen weiten Stimmungsraum. Denkbare Äußerungen sind: Harmonie, Andacht (die Frau wird als „Orantin", d.h. als Betende beschrieben), Entgrenzung, Einheitserleben von Mensch und Natur, Verbindung von Diesseits und Jenseits, Offenheit und Weite, Wärme, Sehnsucht, Unendlichkeit.

b) Konstruktionsmittel:

Harmonie von Mensch und Natur	Symmetrischer Bildaufbau; das Bild wird durch den Horizont und durch die Rückenfigur jeweils horizontal und vertikal halbiert. Die (nicht sichtbare) Lichtquelle und das Herz der Frau sind korrespondierend aufeinander bezogen. Sie liegen auf derselben Kreuzung der Bilddiagonalen. Dieser Bildmittelpunkt ist durch die Strahlen zusätzlich markiert und verbindet so Mensch und (göttliche) Natur. Dazu passt auch die Haltung der Arme, die den Strahlenfächer nach unten ergänzt.
Offenheit, Entgrenzung, Sehnsucht, Unendlichkeit	Bildelement: Der Weg (dessen Ende nicht abzusehen ist) vermittelt ein „Unterwegssein". Perspektive: Der Blick der Frau ist einem Gegenstand zugewandt, der für den Betrachter nicht sichtbar ist.
(kosmische) Einheitsempfindung, Wärme	Farbgebung: warme Farben, graduell abgestuft zur Erde hin (dunkel) und zum Himmel (abgestufte Helligkeit).
Andacht, Gebet	Meditative Haltung der Hände (empfangend, bittend)
Besondere Beachtung verdient bei den Rückenansichten C. F. Friedrichs auch die Perspektive des Bildbetrachters. Für diesen ist die Rückenfigur ein Medium; indem er mit den Augen der Figur sieht, ohne zu sehen, was diese sieht, lädt das Bild ihn dazu ein, den geöffneten, aber leeren Sehnsuchtsraum mit eigenen Vorstellungen zu füllen.	

2 Das Gemälde erlaubt Aussagen über das Verhältnis der Romantik zur Natur: 1) Natur ist ein zentrales Thema dieser Epoche; dies gilt nicht nur für C. D. Friedrich, sondern für die romantische Malerei generell. In der romantischen Darstellung der Natur ist die konkrete Welt bürgerlichen Lebens und Wirtschaftens ausgegrenzt. 2) Natur ist in romantischer Darstellung nicht bevölkert, sondern – in der Regel – ein Aufenthaltsraum für Einsame, die in dieser Einsamkeit die Naturbegegnung suchen. 3) Der romantische Künstler will nicht das Idealbild einer Natur und nicht das Abbild der Natur, sondern ein Naturgefühl darstellen, d.h., was das „innere Auge" sieht. 4) Natur dient dabei als Projektionsfläche für innere Empfindungen und Sehnsüchte (Harmonie, Entgrenzung, Unendlichkeit, Geborgenheit).

3 Mögliche Verbindungen zwischen Bild und Gedicht könnten sein: Offenheit, Entgrenzung, Sehnsucht, innere Verbundenheit mit der Natur, Weite, Aufbruch/Beginn (eines Weges, dessen Ende nicht bekannt ist). Die implizite Gefährdung dieses Weges wird auch durch den Ort des Gedichts in der Erzählung „Ahnung und Gegenwart" deutlich. „Frische Fahrt" ist ein Rollengedicht; es wird in der Erzählung von der „schönen Heidin" Ramona gesungen.

4 1) Die innere Situation des lyrischen Ich wird ausgelöst durch die äußere Situation: Der Frühling markiert einen Anfang, dessen Ende offen ist. Diese Empfindung beherrscht auch das lyrische Ich, das einen Aufbruch (Frische Fahrt) herbeisehnt und sich nicht länger „bewahren" will.

2) Die Bedeutung der Natur für das lyrische Ich lässt sich an Inhaltswörtern erkennen, die die Aufbruchstimmung transportieren: *Frühling* kann - ebenso wie *Aurora* (V. 14) - als Zeichen für einen Neuanfang verstanden werden; in *Fluss* und *Strom* sind Naturelemente aufgenommen, die Bewegung und Veränderung beinhalten; im *Wind* ist eine Naturkraft zitiert, die vor sich her treibt, was nicht stabil und fest verankert ist: in diesem Fall das lyrische Ich. Auch die Verben und Partizipien stützen diese Atmosphäre von Aufbruch und Bewegung (geflossen, geschossen, treibt, fahren, weht).

5 Wanderung/Reisen und Aufbruch sind Topoi der Romantik; bei Eichendorff (vor dem Hintergrund dessen katholisch-konservativer Prägung) ist solches Fernweh aber oft auch ambivalent konstruiert: als Ausdruck einer Sehnsucht wie als Verführung und Gefährdung des Ich.

Ausdruck von Fernweh und Entgrenzungswunsch (v.a. in der 1. Strophe): Ausrufe („Frühling, Frühling soll es sein!", V. 2), atmosphärische Ausdrücke (laue Luft kommt blau geflossen, Hörnerklang, mutger Augen lichter Schein, bunt und bunter, schöne Welt, selig). Mögliche Signale für Bedrohung und Verführung: hinunter, magisch, wirren, wilder, lockt/lockend, treibt mich, blind, tausend Stimmen.

Im Fazit wird deutlich, dass die Lebensreise auf dem magischen Strom die Gefahr des Untergangs nicht nur enthält, sondern in der Textentwicklung eher stärker gewichtet als das Sehnsuchtsmotiv. In der zweistrophigen Form des Gedichts kommt diese Ambivalenz zum Ausdruck. Während in der ersten Strophe die Verlockungen der Ferne entfaltet werden, scheint das lyrische Ich in der zweiten Strophe bereits auf der Fahrt zu sein („Weit von euch treibt mich der Wind", V. 10).

6 Der Motivbaustein „Ironie" spielt im vorliegenden Gedicht keine Rolle; auch das „Vereinigungsmotiv" ist nur insofern präsent, als der Entgrenzungsgedanke die Bedingung einer möglichen Vereinigung darstellt. Die anderen Motive lassen sich zuordnen, wobei der Komplex „Offenheit/Aufbruch/Fernweh" im Zentrum steht. Die „Sinnlichkeit" (Offenheit und Intensität der Wahrnehmung) ist in diesem Augengedicht vor allem visuell codiert (mutger Augen lichter Schein, bunt und bunter, selig blind); aber auch Fahrt/Bewegung und Gehör sind wichtige Körpererfahrungen. „Musik", für die Romantiker die Schwester der Poesie, begegnet uns im Hörnerklang (bei Eichendorff mit Posthorn/Jagdhorn, also mit Weite und Bewegung verknüpft) und in den sirenenhaften „tausend Stimmen" (V. 13). Das „Gefühl" von Sehnsucht und Fernweh, zentrales Element romantischer Dichtung, wird nicht durch emotionales Vokabular vermittelt, sondern durch Bilder (z. B. „Laue Luft kommt blau geflossen", V. 1, wobei diese Synästhesie den Eindruck sowohl von Wärme als auch von Helligkeit und Bewegung erzeugt), durch den Rhythmus (dynamisch, drängend) und durch Modalverben (soll, mag nicht, will ich). Die Ereignisebene des Gedichts ist nur ein dünner Firnis über den Gefühlen.

7 Wie „Frische Fahrt" ist auch „Sehnsucht" ein Rollengedicht (aus „Dichter und ihre Gesellen"; die schöne Fiametta besingt zur Gitarre ihre Sehnsucht nach Italien). Das *Thema* wird im Titel genannt, im Gedicht wird diese Sehnsucht als elementarer Wunsch nach Bewegung und Veränderung greifbar; umgesetzt wird er in Bildern der Ferne, der Wanderschaft, der fremden Landschaft.

Äußere Situation: Das lyrische Ich steht in einer Sternennacht am Fenster; die Landschaft wird aus erhöhter Warte betrachtet; im Lied der vorübergehenden Gesellen wird das Fernweh thematisiert. *Innere Situation:* Im Fensterblick (in der Inversion „Am Fenster ich einsam stand" wird dieser Ort markiert) wird der innere Ort des Ich deutlich: Es steht an einer Grenze zwischen innen und außen. Diese Schwellensituation ist eine Verräumlichung der Sehnsucht.

Auffälligkeiten der Gestaltung: Wortmaterial: Adjektive (einsam, still, heimlich, sacht, dämmernd) prägen die melancholische Stimmung des Gedichts; Verben (rauschen, lauschen, entbrennen, sangen, verwildern) spiegeln die sinnlichen Wahrnehmungen/Gemütsregungen; Raumangaben (aus weiter Ferne, vorbei, entlang) erzeugen Weitenbewusstsein.
Bau: a) symmetrischer Bau (V. 1-12 enthalten den Fensterblick, V. 13-24 das Lied); b) dreistrophiger Aufbau (aus jeweils zwei Volksliedstrophen zusammengesetzt) mit Rahmenstruktur (Strophe 1 und 3 sind thematisch aufeinander bezogen (Fensterblicke); c) Dreiteilung des Gedichts: 1. „Es-Gedicht" (V. 1), in dem die äußere Situation gezeigt wird, die Stellung des Ich zwischen irdischer und ersehnter, kosmischer Wirklichkeit ist hervorgehoben; 2. „Ich-Gedicht" (V. 2-7), in dem der Interpret durch die Rahmenkonstruktion ein Unendlichkeitsmodell geschaffen sieht; 3. „Sie-Gedicht" (Strophen 2 und 3), in dem die Stellung des Menschen zwischen Einsamkeit und Gemeinschaft, zwischen Dasein und erfüllter Existenz interpretatorisch hervorgehoben wird.

Gemütserregungskunst: Novalis' Begriff macht deutlich, dass die romantischen Kunstwerke keine Ergebnisse von „Herzensergießungen" sind, sondern Konstruktionen. Nicht der Dichter ist z. B. melancholisch, sondern das Gedicht. Der Dichter macht sich bewusst, was er tun muss, um im Leser diese Melancholie auszulösen.

Klett Stundenblätter → S. 19

Kopiervorlage 7

1 Das Gemälde C. D. Friedrichs enthält reale Bildelemente, die auch im Gedicht eine Rolle spielen: Mondnacht (wobei im Gedicht der Mond selbst nicht erscheint, sondern nur als Lichtquelle präsent ist), kontemplative Situation der Betrachter (Rückansicht), die von Landschaft und Baum/Wäldern umgeben ist; Weite-Empfindung (durch die Tiefe des Bildes). Atmosphärisch strahlen Text und Bild Harmonie und Stimmigkeit aus (der Text durch die Begegnung von Himmel und Erde, das Bild durch die stille Betrachtungssituation, Bildaufbau und Farbgebung. Im Gemälde wie im Gedicht befindet sich das Ich in intensivem Bezug zu der es umgebenden Natur.

2 Auffällig ist der Sprung des zu Beginn unmittelbar aufeinanderfolgenden tiefsten und höchsten Tons: eine None. Dieses in der Musik ganz unübliche Intervall öffnet den Raum, in dem sich Himmel und Erde entfalten können. Die Melodiebewegung nach unten bildet den Blick vom Himmel zur Erde (vom Himmel zum Blütenschimmer) ab.

3 Die 1. Strophe entwirft das Bild einer sanften Begegnung von Himmel und Erde, die sich an der Horizontlinie berühren. 2. Strophe: Die Mittelstrophe enthält vier aneinandergereihte, reale Bilder einer Mondnacht (Felder, Ähren, Wälder, Sterne). 3. Strophe: Das lyrische Ich, das erst hier auftritt, verinnerlicht die erlebte Begegnung; es lässt sich von der Berührung berühren und schließt den Kreis, der in der 1. Strophe entworfen ist: Der Himmel (V. 1) wird zum Zuhause (V. 12). Damit wird das Gedicht auch religiös interpretierbar als Sehnsucht nach Rückkehr zum Ursprung und zur Aufnahme in die Schöpfungsharmonie.

Die Makrostruktur des Gedichts zeigt einen symmetrischen Aufbau. Die Strophen 1 und 3 liefern die Bilder im Modus des Konjunktiv irrealis („Es war als hätt/als flöge“) bzw. in der Metaphorik von *Kuss* und *Flug*. Der Realismus der Mittelstrophe, entsprechend im Indikativ formuliert, wird so als Symmetrieachse erkennbar. Symmetrie und Kreisstruktur bringen die vollendete Geschlossenheit des Inhalts, die auch die Zusammengehörigkeit von Gestirn, Pflanzen und Bäumen und schließlich des Menschen beinhaltet, formal zum Ausdruck.

4 Die Blickrichtung, zu der das Gedicht den Betrachter nötigt, verbindet in dreifacher Weise Himmel und Erde: In der 1. Strophe wird der Blick auf die Horizontlinie fokussiert, auf der sich Himmel und Erde berühren; in der 2. Strophe bewegt sich der Blick vertikal von unten (Ährenfeld) nach oben zu den Sternen; die 3. Strophe scheint den Blick in die Tiefe des eröffneten Bildraums zu lenken. Der Flug der Seele ist kein Flug über, sondern durch die stillen Lande. Die Seele bewegt sich damit auch jenseits eines real beschreibbaren „Flugverhaltens“. Es geht nicht hinauf und hinunter, sondern hinein in einen Himmel, der hier religiös zu verstehen ist.

Vergleich: 1) In „Mondnacht“ ist die Natur ein vollkommen intakter, harmonisch gegliederter Raum; in „Frische Fahrt“ enthält sie auch verwirrende/gefährdende Elemente („Wind“, der von Heimat und Weg abtreibt, ein blendender „Glanz“, verlockende „Stimmen“, „flammende“ Aurora). 2) „Mondnacht“ entwirft eine Harmonie zwischen Mensch, Natur und Schöpfung; in „Frische Fahrt“ wird ein Sehnsuchtsraum geöffnet, der aber nicht wirklich erreicht wird. 3) Der Betrachter/das lyrische Ich ist in „Mondnacht“ Teil dieser Natur, er geht in ihr auf; in „Frische Fahrt“ ist für das Ich auch die Gefahr des Untergangs präsent. 4) „Mondnacht“ vermittelt eine religiöse Gewissheit (Einheit von Diesseits und Jenseits); in „Frische Fahrt“ ist die Möglichkeit der „Verirrung“ thematisiert.

5 Als reale Bilder können die Bilder der Mittelstrophe genannt werden (vgl. oben). Das Schlüsselbild der Eingangsstrophe ist explizit als Vergleich markiert („Es war, als hätt“); dasselbe ist im Vergleich der 3. Strophe zu beobachten („Als flöge sie“). Eichendorff macht damit deutlich, dass er die Grenzen zwischen Sehnsucht und Wirklichkeit kennt und respektiert. Das Bild „Und meine Seele spannte/Weit ihre Flügel aus“ (V. 9f.) nimmt eine Ausnahmestellung ein. Es ist die einzige Metapher, und sie wird im Wortfeld von „Flügel“ und „flog“ (2 x) tief verankert. Das Bild selbst schließt an die antike Vorstellung von der Seele, die sich vom Körper löst und emporstrebt, an. Aber im Unterschied zu den letzten Versen („als flöge sie“) ist in der Metapher der Unterschied zwischen Sehnsucht und Wirklichkeit im Bild aufgehoben.

6 Wackenroder zufolge haben die Menschen keine Sprache, die ihnen erschließt, was ein Baum ist (i.e. die Menschen haben nur sprachliche Zeichen dafür). Es gebe aber eine „Sprache“, in der die Natur zu uns redet, und diese Sprache spricht, wer eine „wunderbare Sympathie zu diesen Dingen“ empfindet. Eine zweite Gruppe der „Auserwählten“ sind die Künstler. Sie sprechen in Bildern, d.h. in einer „Hieroglyphenschrift“, deren Zeichen die Eigenschaft haben, das Sinnliche/Gegenständliche mit dem Geistigen zu verschmelzen.

Auf Eichendorff bezogen: Durch Bau und Verwendung der verbreiteten Landschaftsbilder entsteht ein Bedeutungsüberschuss. An„Mondnacht“ lässt sich nachweisen, dass keines der Eichendorff'schen Bilder nur das ist, was es ist. Mond, Felder, Sterne werden zu Zeichen einer Welt, über die nicht gesprochen werden kann, die aber im Gedicht präsent ist.

7 Klanganalyse der 1. Strophe:

Es war als hätt der Himmel
Die Erde still geküsst
Dass sie im Blütenschimmer
Von ihm nun träumen müsst.

Interpretation: Das Gedicht ist im Vergleich zu einem Prosatext klanglich überstrukturiert; auffällig sind die hellen Vokale, die mit der Helligkeit im Gedicht (1. Strophe) korrespondieren. Der harmonisch gefügte Klangteppich (Assonanzen, Reime) stützt die inhaltliche Harmonie und trägt neben dem fließenden Rhythmus in seiner Wirkung zu der Musikalität bei, die den lyrischen Vorgang begleitet.

Klett Stundenblätter → S. 20/21

Kopiervorlage 8

1 Die Rekonstruktion des Gedichts geht aus von der Kreisstruktur, die durch die identische erste und letzte Strophe vorgegeben ist. Eine *zeitliche Abfolge* ergibt sich durch die Hinweise auf Abendrot, Mondschein, Mitternacht. *Textstruktur:* Es gibt fünf kurzzeilige Strophen, wobei zwei vorgegeben sind, und vier langzeilige Strophen. Die Zahl legt eine Struktur der Strophenform nahe, wobei der regelmäßige Wechsel von fünf kurz- und vier langzeiligen Strophen den Grundriss des Gedichts bildet. *Inhaltliche Bezüge:* Bei den langzeiligen Strophen liegt es nahe, die zeitlichen Strophen in der Abfolge und die letzte langzeilige Strophe („Alles ist freundlich") als deren Fazit zu verstehen. *Satzstruktur:* Langzeilige und refrainartige Strophen sind syntaktisch durch die konditionale Wenn-dann (nicht explizit)-Struktur aneinandergekoppelt. In zwei Fällen geschieht der Anschluss durch einen Doppelpunkt. Der Ausnahmefall („Glänzender Lieder …") ist syntaktisch selbstständig und insofern wirkt die (5.) Strophe wie eine Symmetrieachse. *Bilder:* Die Abendrotstrophe findet ihre bildliche Fortsetzung in „Wehet der Sterne". Die Mitternachtsstrophe, in der eine finstere Atmosphäre entworfen wird, findet in „Freundliches Spiel/Still Lichter funkeln" einen kontrastiven Anschluss.

2 Das Gedicht findet sich im 1. Teil des Godwi-Romans (um 1800); der religiöse Ton leitet sich von der Naturfrömmigkeit der Sängerin her. Mögliche Themenfelder:

Gespräch zwischen zwei Welten (Zwei-Welten-Lehre); „heimliche" Welt = geheime/heimische Welt?	Religiosität („Wehet der Sterne/ Heiliger Sinn"; „heiliges Grauen")	Drohung und Trost einer belebten Natur („Büsche wunderlich schaun", „des Mondes lindernde Tränen")
Einheit/Allverbundenheit (z. B. Licht – Nacht)	Friede; Versöhnung der beiden Welten, von einsamem Ich und Welt	Nacht („keine freudige Farbe mehr spricht") als Voraussetzung, mit der geheimen Welt zu reden

3

Äußere Situation/reale Welt	**Innerer Zustand/irreale Welt**
Abendrot, aufgehende Sterne, Mond, Mitternacht, Nachthimmel	schattige Stirne der Nacht, still lindernde Tränen, verborgenes Weh, Frieden, in goldenen Kähnen, schiffen die Geister im himmlischen See, glänzender Lieder/klingender Lauf …, heiliges Grauen, alles ist verbunden, (alles) bietet sich tröstend und traurend die Hand …

Fazit: Das Gedicht vermittelt kaum fassbare Aussagen über einen realen Vorgang. Das Reale ist vielmehr der Ausgangspunkt einer Verschmelzung realer (irdischer) und irrealer (überirdischer) Bildelemente. Eine zweite Entwirklichung geschieht durch Musikalität und Synästhesien (vgl. v. a. 3. Kurzstrophe). Brentanos Gedicht enthält aber dennoch Deutungsbegriffe, die den Sinn des Textes („innige Verbindung von allem in allem", vgl. Walther Killy: Wandlungen des lyrischen Bildes, Göttingen 1998, S. 79) konkretisieren können. Dazu gehören die zahlreichen Verweise auf Zusammengehöriges: dunkel und hell, Nacht und Licht, Trauer und Trost. Es geht bei Brentano offenbar um eine antithetische Daseinsverfassung, deren Polarität in *Frieden* versöhnt wird („sind durch die Nächte die Lichter gewunden").

4 Zusammenfassend kann in der Diktion des Fachbegriffs (vgl. Infobox) an diesem Beispiel der *Nacht* erläutert werden, wie die „romantische Chiffre" im und durch den Text in ihrer Bedeutung aufgeladen wird. Die Bedeutungen können nicht nur changieren, sondern auch kontrastiv zueinander stehen.

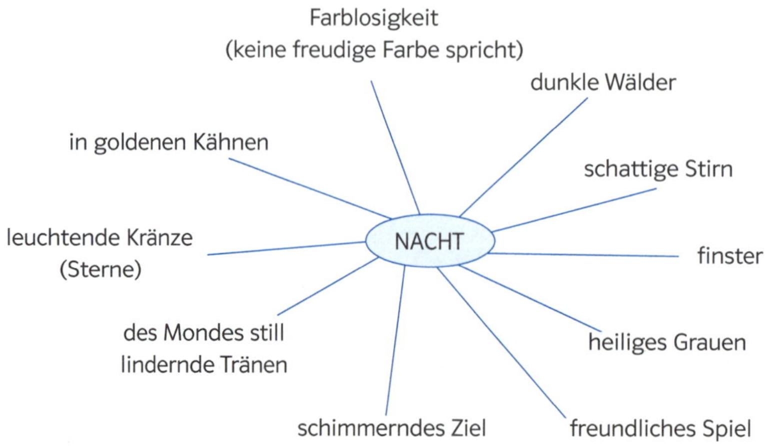

5 *Deutungshypothese (Gesamtverständnis):* Das Gedicht handelt von einer Sehnsucht, deren Ziel nicht erreichbar scheint.

Analyseaspekte	Analyseergebnisse	Interpretation
Thema, Bedeutung/ Rolle der Natur für das lyrische Ich	Natur: Sommernacht, nächtliche Landschaft, Felsen, Wälder, Quellen, Gärten (Marmorbilder) Die Natur wird gefühlsbetont dargestellt; das Ich möchte in dieser Natur aufgehen; das Ziel dieser Sehnsucht ist nicht klar umrissen.	Bilder entwerfen einen weiten Sehnsuchtsraum. Der Liedinhalt lässt vermuten, dass (vgl. Mignon) Italien das Ziel ist (Marmorbilder, Paläste); die V. 13–16 wären als Alpenüberquerung zu lesen.
Lyrischer Vorgang und Aufbau/ Gliederung	1. Teil (Str. 1 und Hälfte der 2. Str.): Lyr. Ich steht am Fenster, Sternennacht, Blick auf die Landschaft und auf zwei Gesellen, die singend vorüberziehen. 2. Teil: „Gedicht im Gedicht" (ab V. 13–24): Inhaltlich werden in dem Lied Elemente/Themen des 1. Teils wieder aufgenommen (Sommernacht, Musik). Mittelachse: nach V. 12	Rahmenstruktur (Sommernacht/Waldesnacht/ Sommernacht) und Kreisform zeigen, dass die Sehnsucht nicht erfüllt wird. Die Mädchen wiederholen die Ausgangssituation des lyr. Ich („Mädchen am Fenster lauschen").
Äußere und innere Situation des lyrischen Ich	Sommernacht, Fensterblick, Einsamkeit, Sehnsucht: „das Herz mir im Leibe entbrennte"	Das Fenster bedeutet Grenze und Übergang; alles Offene wirkt befreiend. Einsamkeit: ausgeschlossen von der Gemeinschaft der Gesellen.
Bildlichkeit, Motive	Motive: Sehnsucht, Reisen/Fernweh, Wandern, Aufbruch (Posthorn), Nacht (Sterne), Musik (Gesang, Lauten), rauschende Wälder	Reisen als Sinnbild der Sehnsucht; die Kombination romantischer Motive erzeugt eine etwas „entrückte" Situation.
Sprachliche Gestaltung: auffällige Wörter/Satzart/Satzbau/ rhetorische Figuren/ grammatische Besonderheiten	Adjektive (golden, prächtig, still, sacht) und Verben/ Partizipien (entbrennte, …reisen, rauschen, lauschen, sangen, verwildern, dämmernden, verschlafen) Ausrufe: „Ach, wer da mitreisen könnte" (V. 7), „So golden" Adverbien/adverbiale Bestimmungen: aus weiter Ferne, vorüber, entlang	„Poetisches" Vokabular erschließt die Stimmung dieser Sommernacht. „Ach" ist kein Wort, sondern ein „Seelenlaut". Adverbiale Bestimmungen vermitteln Weite/Offenheit, Bewegung.
Lyrische Formelemente: Reimschema, Metrum, Rhythmus, Klang-/Lautfiguren, Assonanz, Alliteration	drei baugleiche Strophen → 8 Verse; zusammengesetzt aus zwei Volksliedstrophen; Kreuzreim, alternierend weibliche und männliche Kadenzen; dreihebiger Jambus; Ausnahmen: z. B. V. 7; V. 14, 21, 22	Harmonie von Inhalt und Form. Ausnahmen (Sinnbetonung gegen die metrische Betonung) markieren inhaltlich wichtige Textstellen, nämlich Seele und Sehnsuchtsraum: „Ach" (V. 8), 2 x „Wo …" (V. 14, V. 21 f.).
Verhältnis Mensch – Natur	Die Stimme/das lyr. Ich ist lokalisierbar zwischen Irdischem (Abendrot, Sonnenuntergang, Anbruch der Nacht, Farbe, Büsche, Wälder) und Himmlischem (Mond, Sterne, „Geister im himmlischen See", V. 16).	Dem Ich kommt eine vermittelnde Stellung zu; in ihm begegnen sich die „heimliche", geistige Welt und das Diesseits; dieses realisiert das romantische „Programm": „Alles ist ewig im Innern verwandt" (V. 32).

6 Fragmente, die mit dem Gedicht in Beziehung gebracht werden könnten: 1) Poesie ist „innere Malerei und Musik". Mögliche Hinweise zur Musikalität: die 5. Strophe („glänzender Lieder"/„klingender Lauf"), in der sich synästhetisch Musik und Bewegung ineinander vermitteln; Klangstrukturen, z. B. Assonanzen („Schiffen die Geister im himmlischen See"), Reime und Alliterationen („tröstend und traurend"); rhythmischer Wechsel im Aufbau der Strophen. 2) „Gemütserregungskunst" (vgl. Ergebnisse zu Aufgabe 3 und 4). 3) Poesie schafft „wunderliche Einheiten … und Eins erinnert an alles" („Alles ist ewig im Innern verwandt; vgl. Nacht-Cluster); Synästhesien (v. a. 5. Strophe).
4) Das Weltall liegt „in uns" (vgl. Aufhebung der Trennung von Außenwelt und Innenwelt). 5) Die Außenwelt ist die Schattenwelt – sie wirft ihre Schatten in das Lichtreich (unter diesem Aspekt kann das gesamte Licht-Dunkelheit-Thema von „Sprich aus der Ferne" als Hinweis auf die Zusammengehörigkeit von Außen- und Innenwelt interpretiert werden).

7 *Typische Merkmale:* 1) Natur ist ein zentrales Thema (und nicht: Zeitgeschichte, Gesellschaft etc.). 2) Die Natur wird gefühlsbetont erfasst, d. h. nicht die Natur, sondern das Naturgefühl ist für die Romantiker wichtig. 3) Das Ich ist Teil dieser Natur. *Typische Motive:* Fernweh, Aufbruch/Reisen; Nacht (Mond, Sterne) und Dämmerung; Sehnsucht (selten konkretisiert oder erfüllt); Entgrenzung (Aufhebung der Grenze zwischen außen und innen, Wirklichkeit und Poesie); Einheit der Dinge/Vereinigungsidee, Unendlichkeit (Ewigkeit); Musik (Rhythmus, Klang), Lied; Poesie als Sprache, in der Natur verstehbar wird (im Unterschied zu Naturwissenschaften).
Die Motive können auch gedichtbezogen zugeordnet werden: In „Abendständchen" wird die gegenständliche Welt durch und in der Musik in Stimmung aufgelöst; das Novalis-Gedicht „Wenn nicht mehr Zahlen und Figuren" kommentiert die „Vermessung" der Welt durch die naturwissenschaftliche Welt der Zahlen sehr kritisch und setzt dieser modernen Welt einen Ursprung entgegen, in dem Mensch und Natur noch eine Einheit bildeten

(„Ursprung ist das Ziel"); Heines „Das Fräulein stand am Meere" stellt eine ironische Antwort auf ein romantisches Motiv dar (Sonnenuntergang, Meer als Unendlichkeitsmetapher) und diese Romantikkritik wird in „Wahrhaftig" fortgesetzt. Dort erhebt der Romantiker Heine gegen die Romantik den Vorwurf der Wirklichkeitsferne.

Klett Stundenblätter → S. 22/23

Kopiervorlage 9

1 Bildvergleiche: Die Studie gehört zu der Vielzahl von Zeichnungen, in denen Menzel Landschaften, Figuren, Tiere, Köpfe, Werkzeuge etc. als Momentaufnahmen festhielt. Als „realistisch" könnte die Alltäglichkeit der Motivwahl, die „Bescheidenheit" des Themas oder der Charakter der Studie (Genauigkeit einer objektiven Darstellung) wahrgenommen werden. Die Zeichnung vermittelt aber auch im kargen Schwarz-Weiß der detaillierten Abbildhaftigkeit den Eindruck von Alter, Stärke, Beharrlichkeit und Dauer.

Im Unterschied dazu ist der einsame Baum Friedrichs, wie es der Titel bereits zum Ausdruck bringt, eine bildhafte Verschlüsselung menschlicher Empfindung. Die Bildelemente der Landschaft – vom Hirtenidyll im Vordergrund über die metaphorisch aufgerufene Besiedlung im Mittelgrund (Harmonie von Natur und Mensch) bis zur transzendenten Weite (Begegnung von Bergkette und Himmel) – tragen symbolische Bedeutung.

Die Baumdarstellungen der Klassischen Moderne zeigen in zunehmender Radikalität die Abwendung vom Abbildungsideal (Mimesis) des Realismus.

2 Die Aufgabe soll die Schüler auf die verschiedenen Bereiche des menschlichen Inneren (vgl. Aufgabe 3) aufmerksam machen. Bei Mörike wird das Wort „Gemüt" im Kontext von zwei starken Empfindungen (Gefühlen), nämlich „Liebe und Hoffen", verwendet, sodass das Gemüt als innerer Ort dieser Empfindungen verstanden werden kann.

3 Während die zweite Strophe des Gedichts mit „Gemüt" den seelischen Bereich anspricht, verweist Strophe 3 auf das Körperlich-Sinnliche (mit „Geblüt" und den Wahrnehmungen durch die Augen und die Ohren). Strophe 4 spricht dagegen auch die geistige Sphäre an (vgl. „Ich denke dies und denke das", V. 19).

4 Die formale Uneinheitlichkeit zeigt sich bereits im Druckbild mit den unterschiedlichen Verszahlen (Strophe 4 hat sieben Verse) und -längen (vom zweisilbigen und damit einhebigen „offenen" Vers 8 bis zum fünfhebigen Vers 13). Uneinheitlich ist auch der Reim (Paar- und umarmende Reime im Wechsel). Vgl. zum Gedicht „Im Frühling" dann auch KV 13 (Aufgabe 4).

5 Die Unterschiede lassen sich tabellarisch gegenüberstellen:

Eduard Mörike: Im Frühling	Gottfried Keller: Winternacht
Frühling, am Tag	Winternacht
Welt ist belebt und bewegt (Wolke, Vogel, Fluss, Bienen)	Welt ist starr und still („Nicht ein Flügelschlag", „Still", „Nicht ein Wölklein", „Keine Welle", „im starren See")
Sprecher liegt, die Natur wirkt auf ihn ein	Sprecher steht, die Natur wird gleichsam von außen wahrgenommen

Eine Gemeinsamkeit zeigt sich dagegen im Motiv des Sehnens (Mörike: „Ich sehne mich"; Keller: „Immer, immer, liegt es mir im Sinn!").

6 Abgesehen vom Liegen bzw. Stehen der jeweiligen Sprecher könnte das Standbild zum Gedicht „Im Frühling" eine offene, weltzugwandte Körperhaltung des Sprechers ausdrücken, während der Sprecher im Gedicht „Winternacht" verschlossen und ganz auf das „dunkle Antlitz" fokussiert dargestellt werden kann.

7 Nach Gert Sautermeister schöpft Keller zwar aus dem Motiv- und Bildervorrat der Romantik, verwendet diesen aber ich-bezogen und reflexiv. Im Gedicht „Winternacht" scheinen typische romantische Motive auf (das Sehnen, die Nacht, die Nixe als Fabelwesen), die Natur aber erscheint nicht mehr als Offenbarung des Göttlichen, sondern ist in der Wahrnehmung individualisiert.

8 Im Gedicht „Im Frühling" wird die Natur in ihrer Wirkung auf den Sprecher beschrieben (die Natur wirkt im Menschen auf das „Gemüt" und das „Geblüt"), im Gedicht „Winternacht" erscheint die Natur gleichsam als Spiegel der Seele (d. h. die Natur „wirkt" nicht, sondern ist Projektionsfläche des eigenen Inneren).

9 Die programmatischen Äußerungen Storms treffen insofern auf beide Gedichte zu, als jeweils eine „Seelenstimmung … bei dem empfänglichen Leser reproduziert wird" (Storm). Im Gedicht „Im Frühling" wird darüber hinaus das Empfinden in verschiedenen Sphären dargestellt (vgl. Aufgabe 3). Für Kellers Gedicht „Winternacht" ist der Gedanke zentral, dass die „Wirkung zunächst eine sinnliche ist, aus der sich dann die geistige von selbst ergibt" (Storm). Dies mag auch der Grund dafür sein, dass Keller die ursprüngliche Schlussstrophe wieder gestrichen hat, die das Geschehen (oder besser die „Empfindung") „durch die Vermittlung des Denkens" (Storm) deutet: „Wie wenn ich in die eigene Seele sah."

10 Mit dem Titel „Mondnacht“ wird bereits auf eine für die Romantik typische Situierung verwiesen. Der Sprecher im Gedicht befindet sich dabei in einem traumartigen Zustand, in dem es zu einer Verschmelzung der Sinne und einer umfassenden, in der realen Welt nicht möglichen Wahrnehmung kommt. Das Erleben der Natur mündet schließlich in die in der dritten Strophe beschriebene Entgrenzungsvision (vgl. zu dem Gedicht „Mondnacht“ auch die Hinweise zu KV 7). Dieser Vision erteilt Keller gleichsam eine endgültige Absage: „Nicht ein Flügelschlag“. Auch wenn das Bild des Flügels (man beachte bei Eichendorff: „Und meine Seele spannte/Weit ihre Flügel aus“, sowie bei Mörike: „Die Wolke wird mein Flügel“) Zufall sein mag, die Distanz zur romantischen Bilderwelt in dieser Funktion (vgl. Aufgabe 7) ist es nicht.

Klett Stundenblätter → S. 24/25

Kopiervorlage 10

1 Die biografische Notiz verweist zunächst auf die schwarzschattenden Kastanien als einem realen Ort.
Die Erwartungen dürften einerseits von dem Hinweis auf die „schattenfrohen Stunden“, dann aber auch durch die Tatsache, dass Meyer in Meilen seine düstere Novelle über die Pariser Bluthochzeit verfasst hat, bestimmt sein.

2 Die Aufgabe dient der Verständnissicherung; selbstverständlich können die Schüler schon hier Deutungshypothesen formulieren.

3

	Inhalt	Form
Vers 1 – Vers 5	tageszeitunabhängige Standortbeschreibung des Sprechers (der auf sich durch das Possessivpronomen „Mein“, V. 2, verweist): das „windgeregte Sommerzelt“	Abschnitt bildet eine syntaktische Einheit, nämlich einen Satz, von zwei Anreden („Schwarzschattende Kastanie“) gerahmt, wobei die zweite Anrede mit einem Ausrufezeichen abschließt
Vers 6 – Vers 10	Beschreibung des Geschehens am Tag: das Bad der Kinder am Ufer	ebenfalls ein Satz, der zudem erneut mit der Anrede und einem Ausrufezeichen abschließt („Schwarzschattende Kastanie!“)
Vers 11 – Vers 18	Beschreibung des Geschehens am Abend: das auf dem See „vorbeirasende“ Boot und das von ihm ausgehende Licht	wieder ein Satz, der mit der Anrede und einem Ausrufezeichen endet („Schwarzschattende Kastanie!“)

4 Augenfällig ist die unterschiedliche Farbdominanz in den drei Abschnitten: Abschnitt 1 nennt zweimal die „schwarzschattende Kastanie“, Abschnitt 2 setzt dem Schwarz des Kastanienschattens das „leuchtend Weiße“ der Kinder (vgl. V. 8) entgegen; im dritten Abschnitt dominiert dann der „rote Blitz“ der Schiffslaterne (vgl. V. 13 f.), wobei auch die Flammenschrift diese Farbe assoziiert. Zugleich wird in den Abschnitten der Blick des Betrachters gelenkt: Der Vers „Mein windgeschütztes Sommerzelt“ legt nahe, dass sich der Sprecher unter den Kastanien befindet, die sich in Abschnitt 1 schon zur „Flut“ hin absenken. Abschnitt 2 beschreibt dann das Bad der Kinder in der „Flut“ selbst, d. h., die Entfernung zur Kastanie ist gewachsen; im dritten Abschnitt wird schließlich der Blick auf das noch weiter draußen auf dem See vorbeifahrende „Abendboot“ gelenkt, dessen Licht dann aber wieder zum Ufer zurückführt.

5 In der beschriebenen Situation meint dieses Bild die scheinbar auf dem See tanzenden roten Lichtreflexe.

6 Im biografischen Kontext könnte der Ausdruck dahingehend gedeutet werden, dass Meyer mit dem Anblick der Kastanien die Arbeit an der Novelle „Das Amulett“ über die Pariser Bluthochzeit verbindet, d. h., dass das Gedicht auf die Novelle und ihren Inhalt verweist. Im (literatur-)historischen Kontext ist der Ausdruck als Botschaft des nahenden Untergangs zu verstehen. Letzteres gilt dabei unabhängig von der Autorintention (d. h., auch wenn Meyer selbst überhaupt nicht an das Buch Daniel gedacht haben sollte, würde beim kundigen Leser durch das „Flammenschwert“ diese Vorstellung trotzdem hervorgerufen).

7 Durch die Aufgabe sollen die Schüler zunächst darauf aufmerksam gemacht werden, dass die Lyrik Meyers tatsächlich an der Schwelle zur Moderne steht. Anders als beim Gedicht „Winternacht“ von Gottfried Keller (vgl. KV 9), das romantische Motive immerhin noch verarbeitet (wenn auch in der Abkehr von ihnen) und stark ich-fokussiert ist, klingt bei Meyer die Romantik und deren übersteigerter Subjektivismus überhaupt nicht mehr an. Im Fall des Gedichts „Schwarzschattende Kastanie“ tritt das lyrische Ich nicht nur fast völlig hinter die Beschreibung zurück (der Sprecher verweist nur einmal indirekt durch das Possessivpronomen „mein“ auf sich), sondern die beschriebene Situation ist auch insofern objektiv, als sie nachvollziehbar gestaltet und als ein in jedem Detail real mögliches Geschehen erscheint. Auch wenn so die Bilder der „gebrochenen Lettern“ und der „rätselhaften Flammenschrift“ mühelos auf den beschriebenen Vorgang (rotes Licht bricht sich im Wasser) bezogen und in diesem Sinne auch erklärt werden können (vgl. Aufgabe 5), so eröffnen sie gleichwohl einen Interpretationsraum (z. B. mit biografischer oder literaturhistorischer Perspektive; vgl. Aufgabe 6), ohne dass der Text im Übrigen einen Hinweis darauf gibt, wie dieser Raum auszufüllen ist.

Modul III: Von der Jahrhundertwende zur Gegenwart

INTENTION	Die Schüler erarbeiten im dritten Modul mit Blick auf Naturlyrik zentrale Strömungen des 20. Jahrhunderts. Wesentlich ist wieder, dass der Wandel des Naturbildes erfasst und mit den poetologischen Konzepten der Autoren bzw. der literarischen Strömungen verknüpft wird. Darüber hinaus erhalten die Schüler einen Überblick über Themen und Formen gegenwärtiger Naturlyrik, wobei die Frage nach dem Verhältnis des gegenwärtigen Lyrikers zur Natur im Mittelpunkt steht.
ZEITBEDARF	1 Doppelstunde (KV 11), 1 Einzelstunde (KV 12), 1 Doppelstunde (KV 13), 1 Doppelstunde (KV 14), 1 Einzelstunde (KV 15), 1 Doppelstunde (KV 16)
MATERIAL	KV 11: Die Ästhetik des Symbolismus kennenlernen *Klett Editionen, Materialien, S. 128: Hermann Bahr: Symbolisten* KV 12: Epochenumbrüche im Stilwandel erkennen KV 13: Den Wandel des Naturbildes im Expressionismus analysieren *Klett Editionen, Texte, S. 40: Eduard Mörike: Im Frühling* *Klett Editionen, Materialien, S. 134: Kasimir Edschmid:* Über den dichterischen Expressionismus KV 14: Dichtung als Definition der Realität nach 1945 erkennen *Klett Editionen, Materialien, S. 140: Günter Eich: Der Schriftsteller vor der Realität* KV 15: Hermetische Lyrik interpretieren *Klett Editionen, Texte, S. 25: Friedrich Hölderlin: Hälfte des Lebens* *Klett Editionen, Texte, S. 75: Rainer Maria Rilke: Herbsttag* KV 16: Themen und Formen gegenwärtiger Naturlyrik erschließen *Klett Editionen, Texte, S. 61, 62 f., 65: Durs Grünbein: Biologischer Walzer, Silke Scheuermann: Labor, Nora Bossong: Kortex*
DIDAKTISCHE HINWEISE	Insbesondere zur Lyrik des Symbolismus und zur Lyrik nach 1945 (Bachmann, Eich, Bobrowski) wie auch zur Gegenwartslyrik finden die Schüler oft keinen leichten Zugang. Dies soll durch die Aufgabenstellungen in den Kopiervorlagen auf dreifache Weise ausgeglichen werden: Zum einen werden verstärkt produktive Zugänge (Gedichtvortrag, szenische Umsetzung des Gedichtinhalts, Standbild) angeboten; diese Zugänge können auch dort intensiver Berücksichtigung finden, wo sie nicht als Aufgabe explizit formuliert sind. Zum anderen wird zu einer kleinschrittigeren und stärker formbezogenen Arbeit an den Gedichttexten angeregt: Auch bei einem Gedicht, das man zunächst nicht versteht, lässt sich manches richtig beschreiben, was dann das Verständnis fördern oder doch zumindest den Zugang zu erleichtern vermag. Drittens schließlich wird häufiger zum Vergleich mit leichter zugänglichen Gedichten aus früheren Epochen angeregt, da sich gerade im Kontrast Schwierigkeiten besser fassen und damit dann auch lösen lassen. Ergänzend kann die Lehrkraft den Schülern entgegenkommen, indem sie immer wieder darauf verweist, dass viele Gedichte (zumindest in Teilen) einfach deutungsoffen sind.

ZIELVORSTELLUNGEN/ KOMPETENZ-BESCHREIBUNGEN	Die Schülerinnen und Schüler erwerben bzw. verfestigen folgende Kompetenzen. Sie - erschließen und deuten Gedichte im Hinblick auf wesentliche formale, sprachliche und inhaltliche Elemente - interpretieren Gedichte mithilfe verschiedener Kontexte (biografisch, historisch-gesellschaftlich, Welt- und Menschenbild der Epoche, epochenspezifische Themen, Motive und Gestaltungsmittel) - können Gedichte im Hinblick auf die unterschiedliche Gestaltung von Themen und Motiven vergleichend untersuchen und erschließen - erläutern und bewerten unterschiedliche Sichtweisen des Menschen und divergierende Sinnentwürfe - gehen produktiv mit Gedichten um - beurteilen historisch bedingte Intentionen und Ausdrucksformen lyrischen Sprechens - ordnen Gedichte in einen zeitgeschichtlichen und sozialgeschichtlichen Hintergrund ein - untersuchen Gestaltungsweisen und erläutern diese hinsichtlich ihrer Funktion - erschließen Texte gestaltend - verfassen Texte nach Schreibimpulsen
DURCHFÜHRUNG/ UNTERRICHTSSCHRITTE	KV 11 bietet sich zur gemeinsamen Erarbeitung im Unterricht an, wobei die Aufgaben 1 und 2 in häuslicher Arbeit zur Besprechung vorbereitet werden könnten. Auch KV 12 sollten die Schüler im Unterricht erarbeiten: Die Aufgaben 1 bis 4 (zum Gedicht „Vorfrühling“ von Hofmannsthal) sowie die Aufgaben 5 bis 8 (zum Gedicht „Vorfrühling“ von Stramm) könnten dabei arbeitsteilig in Gruppen gelöst werden; nach der Präsentation und Besprechung der Arbeitsergebnisse kann die in Aufgabe 9 angeregte Diskussion gemeinsam geführt werden. Die Aufgaben 1 und 2 von KV 13 können die Schüler in häuslicher Arbeit zur Besprechung vobereiten, die restlichen Aufgaben sollten dann gemeinsam erarbeitet und besprochen werden. Aufgabe 11 könnte zusätzlich auch noch schriftlich ausgearbeitet werden (als Hausaufgabe). KV 14 bietet sich zur gemeinsamen Erarbeitung im Unterricht an, wobei die Schüler den in Aufgabe 8 angeregten Vergleich der Gedichte „Ebene“ (Bobrowski) und „Der große Lübbe-See“ (Eich) als Hausaufgabe auch noch einmal schriftlich ausarbeiten können. KV 15 ließe sich arbeitsteilig zur Besprechung vorbereiten: Eine Hälfte der Schüler erarbeitet (auch in Partner- oder Kleingruppenarbeit) die Aufgaben 1 bis 4 zum Gedicht „Die große Fracht“ (Bachmann), die andere Hälfte die Aufgaben 5 und 6 zum Gedicht „Ende eines Sommers“ (Eich). Nach der Präsentation und Besprechung der Arbeitsergebnisse kann Aufgabe 7 gemeinsam gelöst werden. Aufgabe 8 regt Gedichtvergleiche an; die Gedichte „Hälfte des Lebens“ (Hölderlin) und „Herbsttag“ (Rilke) sollten im Unterricht vorbesprochen werden (Aufbau, Thema, formale Gestaltung); die eigentlichen Vergleiche können die Schüler in häuslicher Arbeit schriftlich ausarbeiten (es empfiehlt sich eine Beschränkung der Vergleichspunkte, etwa: lyrische Situation und Motive). Bei KV 16 bildet die Analyse, mit welchen Naturthemen sich Gegenwartsautoren befassen und welche Haltung das lyrische Ich zur Natur einnimmt, den Kern der Stunde (Aufgaben 3 und 4); hierbei bietet sich Gruppenarbeit an. Zur Vertiefung können die Schüler die Aufgaben 5 und 6 ebenfalls arbeitsteilig lösen. Das Verfassen eines eigenen Gedichts (Aufgabe 7) mit anschließender Lesung und literarischem Gespräch über die Texte sollte in einer eigens dafür vorgesehenen Stunde geschehen. Den Infotext über Themen, Formen und Sprache gegenwärtiger Naturlyrik (Aufgabe 8) können die Schüler im Rahmen einer Hausaufgabe erstellen. Vertiefend können die Schüler weitere Gedichte aus den Klett Editionen (Modul III) erarbeiten und sich gegenseitig vorstellen.

Lösungen

Klett Stundenblätter → S. 26/27

Kopiervorlage 11

1 Die Natur erscheint als „Tempel", d.h. als etwas Heiliges. In diesem „Tempel" stößt der Mensch auf „wirre Wörter" und „Wälder von Symbolen", die zwar „ihn mit vertrauten Blicken betrachten", aber für den Menschen seinerseits nicht oder nicht ohne Weiteres verfügbar sind. Vgl. zum Gedicht „Correspondances" auch Aufgabe 5.

2 Geklärt werden könnte zunächst, was mit dem Ausdruck „totgesagt" eigentlich gemeint ist (laut „Duden" mit Blick auf Unbelebtes etwas, von dem fälschlicherweise behauptet wird, dass es nicht mehr existiere). Ausgehend von dieser Bedeutungsumschreibung erhebt sich die Frage, wer der Urheber der Aussage ist (d.h., wer behauptet hat, der Park existiere nicht mehr) und mit welcher Intention sie getroffen wurde (zumal der Park offenbar sehr wohl existiert). Im erweiterten Sinne könnte „totgesagt" auch als „nicht mehr aktuell, nicht mehr beliebt" verstanden werden. Auch hier ist wieder zu fragen, warum dies so sei. – Die Schüler können dazu jeweils ihre Ideen bzw. Gedanken notieren.

3 Der Sprecher im Gedicht wendet sich auffordernd an ein ihn begleitendes (oder doch anwesendes) Du, es möge den Park betrachten und dort aus Rinden, Blättern, Blumen und Ranken einen Kranz zu einem „herbstlichen gesicht" flechten.

4 Durch das Vorlesen sollte zum einen der appellative Charakter des Gedichttextes (schon das erste Wort „komm" ist eine Imperativform, wobei der erste Vers auch mit einer Imperativform abschließt; weitere Imperative folgen in den Strophen zwei und drei), zum anderen der gestische Duktus deutlich werden, der sich nicht nur im Befehl „schau" zeigt, sondern etwa auch im Adverb „dort" oder dem Pronomen „diese", die ebenfalls gleichsam den Blick lenken und dem Betrachter Zeit zur Wahrnehmung lassen müssen (beim Vorlesen sollten bei solchen Stellen „Betrachtungspausen" gelassen werden).

5 **a)** Das Gedicht „Komm in den totgesagten park und schau" ist in vierfacher Hinsicht typisch für Georges Gedichte des Bandes „Das Jahr der Seele" (nach der Aussage Storcks). Zunächst wird hier der Natur nicht erlebnishaft begegnet, sondern reflexiv-betrachtend; die Natur erscheint als „Hintergrund" „für Begegnungen des Ichs mit einem Du", wobei dieser „Hintergrund" auch keine deutliche bzw. individuelle Ausprägung erfährt, sondern „nur in suggestiven Einzelzügen" erlebt und beschrieben wird; schließlich ist der Park der Prototyp einer „gebändigte[n], vom Menschen gestaltete[n] Landschaft".

b) Auch in Baudelaires „Correspondances" erscheint die Natur zumindest oberflächlich durch das Bild des „Tempels" als ein vom Menschen domestizierter Raum, der nicht als konkreter, sondern symbolhafter Ort geschildert wird. Zu beachten ist hier allerdings, dass das George-Gedicht auf einen bestimmten Ort (den „totgesagten Park" nämlich), das Baudelaire-Gedicht jedoch auf die Natur im Allgemeinen verweist (d.h., dass vom Gedicht „Correspondances" eine Darstellung der Natur „in deutlicher und individueller Ausprägung" auch nicht erwartet werden kann).

6 Ein Dinggedicht ist auf eine „unpersönliche, episch-objektive Beschreibung" eines Dings (eines „Seienden") beschränkt, wobei der beschriebene Gegenstand „mit einer begrifflich schwer fassbaren symbolischen Bedeutung aufgeladen zu sein scheint". Demnach entsteht beim Leser der Eindruck, der Gegenstand werde vor allem deshalb beschrieben, weil er zugleich für etwas anderes, Bedeutsameres (und nicht Dingliches) stehe.

7 Die blaue Hortensie erscheint im Gedicht als beseeltes Wesen, an dessen Beispiel der allgemeine Lebensrhythmus des Vergehens (Strophen 1 bis 3) und des Werdens bzw. Erneuerns (Strophe 4) dargestellt wird. Durch Personifikation („verweint", „eines kleinen Lebens Kürze") und Vergleiche („wie in alten Briefpapieren", „wie an einer Kinderschürze") wird dabei die Bedeutungsebene der Beschreibung auf den menschlichen Bereich ausgeweitet: Man kann so die blaue Hortensie als Symbol des der Vergänglichkeit unterworfenen menschlichen Lebens verstehen.

8 Der Sprecher schildert nicht nur seine Wahrnehmungen, sondern spiegelt zugleich den Wahrnehmungsprozess (insofern ist das Sonett also gerade nicht „unpersönlich, episch-objektiv"; vgl. Storck): „wie *fühlt* man eines kleinen Lebens Kürze" (V. 11), „und man sieht/ein *rührend* Blaues sich vor Grünem *freuen*" (V. 13 f.).

9 Bahr grenzt den Symbolismus gegen andere Techniken ab: Die Symbolisten beschreiben nicht ihr „inneres Schicksal" (die „rhetorische Technik") oder die Ursache einer Stimmung (die „realistische Technik"), sondern ein äußeres Ereignis, das in keiner Verbindung zu seinem inneren Zustand steht, aber dieselbe Stimmung erweckt (d.h., man würde also die Natur nicht beschreiben, weil die Natur eine Stimmung bei einem hervorgerufen hat, sondern weil sich in der Natur ein innerer Vorgang spiegelt). Die Symbolisten setzten dazu „sinnliche Mittel" ein, um „ins Unsinnliche" zu „greifen".

10 Sowohl bei George als auch bei Rilke zeigen sich beide Merkmale: Es werden sinnliche Mittel genutzt (wie sie sich insbesondere in der Wahrnehmung der Farben in beiden Gedichten zeigen), wobei die Natur in beiden Fällen nicht die Ursache des inneren Empfindens darstellt, sondern dieses nur symbolisiert.

Klett Stundenblätter → S. 28/29

Kopiervorlage 12

1 Hofmannsthal behauptet in Form einer rhetorischen Frage, dass das Innenleben des Menschen (vgl. „alle die geheimsten und tiefsten Zustände unseres Inneren") mit den äußeren „Erdendingen" verbunden sei (vgl. „an ein paar tausend solcher Erdendinge ist dein ganzer innerer Besitz geknüpft").

2 Zwischen dem Gedicht und dem Gesprächsbeitrag besteht durch die „Luft" bzw. den „Wind" zunächst eine motivische Parallele. Das Gedicht ist darüber hinaus der Beleg für die Verknüpfung scheinbarer Äußerlichkeiten mit dem inneren Empfinden (hier eines Vorfrühlingsgefühls, das über den Wind assoziativ verknüpft ist mit weitgehend positiv besetzten Vorstellungen; vgl. Aufgabe 3).

3 Das Gedicht beschreibt in den identischen Strophen 1 und 7 jeweils die Wahrnehmung des Sprechers: Der Frühlingswind und die „seltsamen Dinge […] in seinem Wehn". Die Strophen 2 bis 6 stehen im Präteritum und schildern, was der Wind gleichsam an dem Ort erlebt und gemacht hat, von dem er herkommt. Der Anschaulichkeit halber könnte man von Hofmannsthals Heimatstadt Wien ausgehen: Der Sprecher befände sich dann also etwa im Monat März (jedenfalls sind die Bäume noch „kahl") in Wien (Strophen 1 und 7 bis 9), der „Frühlingswind" hätte etwa von der Adria (jedenfalls von einem Ort, an dem die Akazien bereits blühen, vgl. V. 10) den Weg über die Alpen geschafft und brächte nun „blasse Schatten/und den Duft" des Frühlings von seinem Herkunftsort mit. – Die Schüler könnten hier speziell auf die Verwendung der Tempora verwiesen werden, aus denen sich die zeitliche und damit auch inhaltliche Struktur ergibt.

4 *Reim:* In den Strophen 1 bis 7 wird durchgängig ein Kreuzreim (abab) verwendet, in Strophe 8 ein umarmender Reim (abba), Strophe 9 folgt wieder dem Schema des Kreuzreims, allerdings bleibt das erste Reimpaar aus (abcb). *Metrik:* Alle Verse weisen zwei Hebungen auf, sind allerdings frei gefüllt (mit und ohne Auftakt, mit weiblichen und männlichen Kadenzen). *Klangfiguren:* Es finden sich mehrere Assonanzen (z. B. auf „ü" in Strophe 3: schüttelte, Akazienblüten, kühlte, glühten) und Alliterationen (z. B. in Strophe 4: „Lippen im Lachen", „weichen und wachen"). – Beim Lesen müsste das vor allem durch Klangfiguren entstehende Weiche, Harmonische ebenso zum Ausdruck kommen wie das Luftig-Windhafte insbesondere des Rhythmus' (freie Versfüllung, wechselnde Kadenzen, Reimwechsel).

5 Die ersten Eindrücke der Schüler dürften sich auf die beschriebene Situation (Was wird eigentlich beschrieben?) und die verwendete Sprache (vgl. dazu ausführlich die Hinweise zu Aufgabe 8) beziehen.

6 Durch die Vorbereitung des Gedichtvortrags sollen sich die Schüler sowohl dem Gedichtinhalt als auch seiner Form annähern. Inhaltlich auffällig sind die vielen negativ konnotierten Wörter (z. B. Leibesbrüche, schreien, kreischt, heult, narben), die auf die Darstellung eines schrecklichen Geschehens verweisen. Formal auffällig ist das Fehlen von Reim, Metrum und einheitlicher Versform, das aufgrund der hierdurch entstehenden Unruhe mit dem Inhalt korrespondiert. Entsprechend expressiv (mit deutlichen Pausen, einer hohen Stimmdynamik und deutlicher, „scharfer" Aussprache) müsste der Text auch vorgetragen werden.

7

	Hofmannsthal: Vorfrühling	**Stramm: Vorfrühling**
Thema	Vorfrühling (Vorgefühl von etwas Kommendem, das positiv ist)	Vorfrühling (nur das Wort verweist auf die Zukunft, die hier nur negativ gedacht werden kann)
Sprecher	Sprecher tritt hinter das Geschehen zurück und verweist nicht auf sich selbst	Sprecher tritt hinter das Geschehen zurück und verweist nicht auf sich selbst
Motive	Wind Blühen Flöte Nacht	Wolken, Luft Risse, narben, verbleichen kreischen, heulen, Schweigen Schatten
Klangfiguren	Assonanzen (vgl. Aufgabe 4) Alliterationen (vgl. Aufgabe 4)	Anapher (z. B. „und Risse", „und lastet", „und Flecken" Alliterationen (z. B.: „Schatten stehn erschöpft")
Sprachliche Bilder	einige Personifikationen (z. B. „es läuft", „er hat sich […] geschmiegt")	einige Personifikationen (z. B. „Schatten stehn erschöpft", „das Schweigen tappet schwer"); Metapher („schreien Halme Ströme")

8 Neben der bereits erwähnten uneinheitlichen Versform (vgl. Aufgabe 6) fallen vor allem die vielen Personifikationen auf (vgl. auch Aufgabe 7), von denen manche in Anlehnung an die für Metaphern übliche Charakterisierung als „gewagt" bezeichnet werden können: Bilder wie „kreischt die Luft [...] weht und heult und wälzt sich", „rollt das Licht sich auf/jäh gelb" oder „Flecken spritzen" wirken sehr verstörend und dadurch entsprechend intensiv. Verstärkt wird dieser Eindruck durch den insgesamt assoziativ reihenden Bau und die Wortneubildung „narben" (als Verb zum entsprechenden Substantiv „Narbe").

9 Bemerkenswert ist zunächst, dass in beiden Gedichten das „Ich" des Sprechers hinter den Beschreibungen vollständig zurücktritt und sich die Erfahrung jeweils in eine Vielzahl von Eindrücken aufzulösen scheint. Insofern ist weder das Ich als Einheit präsent noch scheint eine einheitliche Erfahrung möglich: Die Texte stehen damit deutlich im Kontrast zum Realismus und Naturalismus, die die empirisch erfassbare Wirklichkeit ins Zentrum ihrer Dichtung gerückt haben. Andererseits ist schwer vorstellbar, dass insbesondere die im Stramm-Gedicht geschilderten Erlebnisse nicht auch als Einheit – trotz der zunächst assoziativen Wahrnehmung – auf das Ich (als Schrecken oder Verstörung insgesamt) einwirken sollten.

Klett Stundenblätter → S. 30/31

Kopiervorlage 13

1 Im Bildmittelpunkt des Holzschnittes steht der „Ackermann" mit seinem von vier Pferden gezogenen Pflug, wobei das Pferdegespann vom allegorischen Tod angetrieben wird. Der Acker erstreckt sich über eine große Fläche und läuft auf die im oberen Bilddrittel dargestellte Landschaft zu. Diese Landschaft mit ihren Hügeln, der Kirche, den Häusern und Bäumen ist sonnenbeschienen und macht einen idyllischen Eindruck. Sie steht damit im Kontrast zur Darstellung des Ackermanns und natürlich des Todes selbst.

2 Wesentliche Gemeinsamkeit ist die Dominanz des „Ackerers" (vgl. „ein Dämon") mit seinen Tieren (vgl. „wie Riesen"), der im Kontrast zu der idyllisch wirkenden Landschaft steht („ein Feldweg [...] in Kirschblüten"). Unterschiedlich ist dagegen zum einen die Perspektive, die im Gedicht „Printemps" von der idyllischen Landschaft aus auf den Ackermann am Horizont hinführt (das hintere Bilddrittel des Holzschnittes müsste sich in einer bildlichen Darstellung des Gedichts also im Vordergrund befinden). Zum anderen spielt im Gedicht „Printemps" das Motiv des Weges (in Strophe 2 durch den „Grat" fortgesetzt) im Sinne einer vorgezeichneten Bahn oder Entwicklung eine wesentliche Rolle.

3 Man beachte, dass sich der Vergleich nur auf die ersten beiden Strophen des Gedichts „Printemps" bezieht.

	Mörike: Im Frühling	Heym: Printemps
Lyrische Situation	der Sprecher liegt auf einem Frühlingshügel und beschreibt die Wirkung der Natur auf ihn; das „Ich" ist in den Strophen 3 und 4 oft Subjekt der Sätze → subjektives Empfinden in Bezug auf den Frühlingsbeginn	Blick von außen auf eine fast impressionistische, idyllisch anmutende Landschaft; man beachte, dass in den vier Sätzen der beiden Strophen jeweils etwas Unbelebtes („ein Feldweg", „die hellen Zweige", „ein düstrer Berg", „das Glöckchen") als Subjekt erscheint; ein menschliches Agens wird nicht genannt
Motive	Frühling Wolke, Vogel, Flügel Sonnenblume Fluss Sehnsucht	Kirschenblüten Wolke, Winde Kirschen, grüne Saat Weg, Grat Glöckchen, Kirche Mühle
Formale Gestaltung	formale Uneinheitlichkeit durch: – unterschiedliche Verszahlen – unterschiedliche Verslängen – Reimwechsel (Paar- und umarmende Reime)	„strenge" Sonettform; Quartette jeweils mit umarmendem Reim; abgesehen von Vers 4 (in dem es aber gleichfalls fünf Hebungen gibt) wird der fünfhebige Jambus konsequent eingehalten; ausschließlich männliche Kadenzen

4 Während die beiden Quartette eine weitgehend intakte Welt beschreiben (man beachte aber das Verb „zittern" und das Attribut „düster" zu „Berg"), stehen die beiden Terzette dazu im Kontrast, wie sich am deutlichsten in der Farbmetaphorik zeigt: weiß (V. 1), golden (V. 5, 8), grün (V. 8) vs. schwarz (V. 10, 14). Die unberührte und hoffnungsvolle Welt des Gedichtanfangs (und, vgl. das Motiv des Frühlings, jeden Anfangs) mündet in ein dämonisches Szenario, in dem „Blut" und Vernichtung (vgl. „und wirbelt ihren Kopf von Hand zu Hand/auf schwarze Au") vorherrschen. – Der Frühling steht hier also zwar für einen Neubeginn, in ihm zeigen sich aber die für den Frühexpressionismus typische düstre Aufbruchstimmung und Unruhe.

5 Denkbar wäre etwa das Verspaar „Ein Ackerer geht groß am Himmelsrand./[...]/Ein Dämon vor des Himmels tiefer Glut.", das die epochentypische Unruhe und gefühlte Bedrohung verdeutlicht. In eine ähnliche Richtung weist das

Verspaar „Die hellen Zweige, feierlich erhellt,/Zittern im Abend, wo die Wolke säumt", das zwar die Unruhe nur durch das Zittern mehr andeutet als formuliert, dafür aber auch auf die ebenfalls vorhandene Anfangsidylle und die Chance jedes Anfangs verweist.

6 Der zentrale Bezug des Textes von Edschmid zum Gedicht „Printemps" ergibt sich aus dessen Satz: „So wird der ganze Raum des expressionistischen Künstlers Vision." (Z. 30).

7 Ausgehend von der Beschäftigung mit Dinggedichten und namentlich dem Gedicht „Blaue Hortensie" von Rainer Maria Rilke (vgl. KV 11) werden die Schüler wohl am ehesten ein („modernes", nicht mehr realistisches) Dinggedicht erwarten.

8 Benns Gedicht beschreibt zunächst nicht vorrangig die Aster, sondern eine Leichenuntersuchung (bzw. Aspekte davon), bei der die Aster dann vom lyrischen Ich entdeckt und schließlich vor dem Zunähen des Leichnams in dessen Brusthöhle gelegt wird. Es ist dann der beschriebene Vorgang der Leichenuntersuchung selbst, der mit der lyrischen Tradition bricht. Formal fällt der ebenfalls neue, recht sachlich anmutende Berichtsstil auf (zum Beispiel durch die Passivkonstruktion des ersten Satzes oder die Verwendung des Konjunktivs I in Satz 2). Das Gedicht weist kein Reimschema auf (Reime finden sich überhaupt nur in den Versen 1 und 3 sowie 7 und 8); die Verse sind unterschiedlich lang und folgen keinem Metrum.

Man beachte, dass die Aster dennoch beschrieben wird: Ihr werden zunächst zwei Attribute zugeordnet, zum einen das Adjektiv „klein", dann das Adjektiv „dunkelhelllila" (ein antithetisches Kompositum, das durchaus Deutungsräume eröffnet). Indirekt wird die Aster außerdem durch die Aufforderung charakterisiert, sich satt zu trinken, wodurch sich die Frage stellt, was es in einer mit Holzwolle ausgestopften Brusthöhle überhaupt zu trinken gibt, und in der Folge die Frage, wovon sich die Pflanze somit nährt (vom Seelischen, vom Göttlichen, vom Tod ...?).

9 Benn wollte mit seiner Lyrik zunächst wohl provozieren und zugleich mit lyrischen Traditionen brechen. Dieser Bruch geht dabei einher mit einem veränderten Naturbild, das die Natur auch auf den Menschen bezieht (vgl. dazu auch Aufgabe 11).

10 Folgende Aspekte spricht Homscheid an: Bruch mit dem lyrischen „Ideal der Blaublümeleinritter" durch die Stoffwahl und den Berichtsstil seiner Lyrik.

11 Die Diskussion dürfte sich zwischen folgenden Polen bewegen: *Kontra:* Der beschriebene Vorgang selbst (die Leichenuntersuchung) stellt eine menschliche Tätigkeit und keinen naturhaften Vorgang gar. *Pro:* Der Mensch und sein Körper gehören zum Bereich der Natur (und sind somit auch den natürlichen Vorgängen des Wachsens, Lebens und Sterbens unterworfen); Gleiches gilt selbstverständlich für die Aster.

Klett Stundenblätter → S. 32/33

Kopiervorlage 14

1 Hier steht nicht so sehr die geometrische Erklärung, sondern der funktionale Aspekt im Vordergrund: Ein trigonometrischer Punkt (Triangulationspunkt) meint einen Fixpunkt im Gelände, von dem aus eine Landvermessung erfolgen kann.

2 Der Sprecher befindet sich am Ufer des Lübbe-Sees (einen Lübbesee gibt es in Brandenburg tatsächlich), im „Schilf der Verzweiflung" und „vor der dunklen Wand des hügeligen Gegenufers", und sieht Kraniche (als „Gerüst des trigonometrischen Punkts"). Als eigentlicher Punkt erscheint das „Taubenauge" (V. 9).

3 Der trigonometrische Punkt stellt für den Sprecher den „Beginn der Einsamkeit" dar (dieser Vers wird wiederholt; V. 7, 12), die Einsamkeit „fiel [ihn] an", wie es heißt. Auch das „Hier" wird wiederholt (vgl. V. 4, 13), es werden zunächst negative Gefühle sichtbar, neben der Einsamkeit ebenso im „Schilf der Verzweiflung" (V. 14) und im „sanften Vorwurf" des Taubenauges (vgl. V. 10). Der sich anschließende Blick auf die Vogelzüge wird aber mit „güldene[r] Heiterkeit" (V. 19) verknüpft.

4 Die Einsamkeit wird zum einen mit einem Tötungsakt verknüpft (der Sprecher wird von einer Taube angeblickt, während er ihr die Halsader durchschneidet), zum anderen mit der Verlassenheit auf dem See („hier ohne Boote und Brücken", wobei sowohl die Boote als auch die Brücken metaphorischen Charakter haben und die Verbindungslosigkeit ausdrücken).

5 Eich behauptet zu schreiben, um sich „in der Wirklichkeit zu orientieren" (Z. 1). Er vergleicht sich dabei mit einem Kind, „das Baum, Mond, Berg sagt, und sich so orientiert" (Z. 15 f.). Die Wirklichkeit (oder die „Welt") versteht er dabei als (nicht menschliche) Sprache, die es zu „übersetzen" gelte. Die trigonometrischen Punkte markierten dabei „in einer unbekannten Fläche den Kurs" (Z. 2 f.).

6 Ein direkter Bezug besteht zunächst im Bild des trigonometrischen Punktes, der nicht nur im Text, sondern auch im Gedicht zweimal angesprochen wird (vgl. V. 3, 15). Das Bemühen um Orientierung wird dann sowohl durch die zweimalige Verortung „hier" als auch durch die Ortsbeschreibung selbst deutlich (vgl. Aufgabe 2). Ob das Gedicht allerdings eine gelungene Übersetzung der Wirklichkeit in dem Sinne ist, dass hier Wort und Ding der Wirklichkeit zusammenfallen, muss offen bleiben (in jedem Fall aber handelt es sich um ein sehr ausdrucksstarkes Gedicht).

7 Der Sprecher im Gedicht tritt erst in Strophe 2 in Erscheinung und lässt das in Strophe 1 Beschriebene zurücktreten, bevor er sich direkt an die Dinge der Natur (Gras, Stein, Wasser, Wind) wendet (Strophe 3). Die Haltung ist dabei eine demütige, der Sprecher will von den Dingen der Natur belehrt werden.

8 Beide Gedichte haben ihren Ausgangspunkt in der Gegebenheit einer Landschaft (man beachte neben dem See auch die Kraniche und den Wind), innerhalb derer die Sprecher Orientierung (Hilfe) suchen. Das Eich-Gedicht erfasst dabei aber eine ganz andere zeitliche Situierung als der Text von Bobrowski, in dem nicht nur der „Hirtenvölker Jahrtausende" aufscheinen, sondern auch der Weg des Sprechers eine zeitliche Perspektive bekommt: In Strophe 2 wird Vergangenes Geschehen („kam ich", „war ich", „einfing mich") geschildert und zugleich ein Ausblick auf die Zukunft („werd ich leben") gegeben (man beachte in diesem Zusammenhang die Verteilung der übrigen Verbformen: Strophe 1 enthält lediglich zwei Partizipien, Strophe 3 nur Imperative und Infinitive).

9 Das Gedicht „Ebene" nimmt genau den von Meckel beschriebenen Weg: Am Anfang findet sich mit „See" ein „lyrischer Findling" (Meckel), der dann mit Substantiven (vgl. in Strophe 1: See, Ufer, Wolke, Kranich, Hirtenvölker, Jahrtausende, Wind – neben den Verben „versunken", „aufleuchtend" und dem Adjektiv „weiß") aufgebaut wird und in einer rhythmischen Beschwörung unter Wiederholung der zentralen Substantive endet (in Strophe 3 werden die Substantive „Gras" und „Wind" wiederholt, das Substantiv „Stein" kann mit dem „Berg" aus Strophe 2 und das Substantiv „Wasser" mit dem „See" aus Strophe 1 assoziiert werden; daneben erscheinen außer dem Adjektiv „rot" vor allem Verben: lehr mich, reden, tot sein, hören, reden, bleiben, frag).

10 Die Verfahren sind insofern vergleichbar, als es beiden Dichtern um die sprachliche Erarbeitung eines Gegenstandes in der Welt geht: Was Eich als „trigonometrischen Punkt" oder (im Text „Der Schriftsteller vor der Realität") auch als „Boje" bezeichnet, ist mit dem „lyrischen Findling" bei Bobrowski verwandt. Nicht dagegen der Vorgang der sprachlichen Erarbeitung selbst, die Eich für sich selber als „Übersetzung" beschreibt, bei Bobrowski dagegen als evokative Aufladung (vgl. im Braun-Text Z. 7) erscheint (vgl. dazu auch Aufgabe 8).

Klett Stundenblätter → S. 34/35

Kopiervorlage 15

1 Durch die szenische Umsetzung soll nicht nur der Inhalt erfasst, sondern zugleich auf den Bau des Gedichts (vgl. Aufgabe 2) aufmerksam gemacht werden. – Darstellbar sind das angesprochene Du und sein „Ertrinken" sowie das „Schreien" der Möwen hinter dem Du; angedeutet werden könnten außerdem das „Lächeln der Lemuren" und der „Befehl zu sinken".

2 Am auffälligsten ist hier der am Rondell orientierte Aufbau: Das Gedicht besteht aus insgesamt nur sieben Versen, wobei der erste und der vierte Vers jeder Strophe identisch sind. Die zweite Strophe greift den zweiten Vers der ersten Strophe auf, die dritte Strophe den dritten Vers der ersten Strophe, d.h., es ergibt sich folgendes Bild:
1231 (Reimschema: abba mit wechselnden Kadenzen) –
2452 (Reimschema: bccb mit wechselnden Kadenzen) –
3673 (Reimschema: bddb mit wechselnden Kadenzen). Die Verse folgen einem regelmäßigen fünfhebigen Jambus.

3 Das „Lächeln der Lemuren" (der Totengeister also) lässt an das Sonnenschiff als Totenschiff denken (vgl. Bildhinweis).

4 Der Titel „Die gestundete Zeit" kann als Warnung dafür verstanden werden, dass Zeit nicht unbegrenzt zur Verfügung steht. Entsprechend ist die im Gedicht geschilderte Situation gestaltet: Die Fracht ist verladen (man beachte das Perfekt, das einen unmittelbaren Gegenwartsbezug hat), das Schiff liegt bereit (Präsens!) und wartet auf den „Befehl zu sinken". Innerhalb dieser wohl nur kurzen Zeitspanne liegen die Ansprache an das Du und die Bezeichnung an sich möglicher Handlungsoptionen, für die allerdings die düstere (pessimistische) Prognose formuliert wird: „wirst du im Licht ertrinken" (V. 11). – Das Gedicht ist hermetisch in sich geschlossen und nicht leicht zu deuten. Erst beim Auflösen der Chiffren (z.B. Fracht, Sommer, Sonnenschiff, Hafen) ergibt sich ein Sinnzusammenhang, der allerdings lediglich ein Deutungsangebot darstellt. Einer eindeutigen Entschlüsselung verschließt sich der Text.

5 Das Vergehen der Zeit wird mit drei Bildern verknüpft: zuerst das Bild der Bäume, die „am Streben teilhaben", äußerlich sichtbar durch das Reifen ihrer Früchte und der Verfärbung des Blattwerks (wie der Früchte, vgl. V. 3, 9); dann das Bild des Vogelflugs und seiner „Strecken" (V. 7; durch die die Zeit gleichsam räumlich strukturiert wird), wobei der Vogelflug mit dem Bild der Bäume verknüpft wird (es heißt, die „Bewegung der Flügel färbt die Früchte", was nur als zeitliches Zusammentreffen zu verstehen ist); drittens schließlich das Bild des rauschenden Flusses, der selbst gar nicht genannt wird, aber „unter dem Brückenbogen" anzunehmen ist; das Rauschen macht dabei das Vergehen der Zeit hörbar, so wie die Bäume und der Vogelflug es sichtbar machen.

6 Der Sprecher im Gedicht nimmt zunächst das Vergehen der Zeit an Naturerscheinungen (vgl. Aufgabe 6) wahr und verknüpft es mit dem eigenen (menschlichen) Sterben (vgl. „unter der Zunge ist der Pfennig zu schmecken", V. 12). In der Natur findet er „Trost" (V. 1), er kann ihr seine „Verzweiflung" (V. 5) anvertrauen, sodass er schließlich mit „Geduld" darauf warten kann, dass die „Vogelschrift entsiegelt" wird. Dieses Bild der Entsieglung der Vogelschrift bleibt dabei deutungsoffen. Man könnte in ihr die Offenbarung des Geheimnisses der Zeit bzw. der Vergänglichkeit sehen, die man durch das eigene Sterben zu erhalten hofft. – Zu beachten ist, dass die Darstellung der Zeit bzw. des Vergehens der Zeit an stetig ablaufende bzw. zyklisch sich wiederholende Vorgänge geknüpft ist (das Wasser der Flüsse fließt immer, die Früchte werden ebenso jedes Jahr reif, wie die Vögel jedes Jahr wieder in den Süden ziehen); hierzu passt es, dass der Titel nicht vom

„Ende *des* Sommers“, sondern vom „Ende *eines* Sommers“ (dem noch viele Sommer folgen werden) spricht; auch dies mag ein „Trost“ sein.

7 Zentrale Parallele ist die zeitliche Verortung „Ende eines/des Sommers“ und deren jeweilige Verknüpfung mit dem Sterben (Bachmann: „Lächeln der Lemuren“, „wirst du im Licht ertrinken“; Eich: „dass sie am Sterben teilhaben“, „unter der Zunge ist der Pfennig zu schmecken“), wobei jeweils aus der Antike stammende Motive verwendet werden (Bachmann: das ägyptische Sonnenschiff und die römischen Lemuren; Eich: der griechische Fährmann Charon).

8 Auch bei Hölderlin und Rilke ist der Herbst bzw. der Spätsommer (mit den reifen Früchten) mit Gedanken an das eigene Sterben bzw. die eigene Vergänglichkeit verknüpft, zeigt aber dort vor allem das Ende an, während bei Bachmann der Fokus auf die verbliebene Zeit (vgl. Aufgabe 4) und bei Eich auf die „Entsieglung der Vogelschrift“ (vgl. Aufgabe 6) gelenkt wird.

Klett Stundenblätter → S. 36/37

Kopiervorlage 16

1 Das Exponat vermittelt ein radikal auf das Körperliche reduziertes Menschenbild. Die Ausstellung, die gleichzeitig auch Leichenschau ist, exponiert Körper ohne die Geschichte, die diese Körper hatten. Die Stellungnahme der Schüler könnte sich im Spannungsfeld von Würde und Neugier, zwischen Tabubruch und wissenschaftlicher Aufklärung bewegen.

2 Individuelle Lösungen sind gefragt.

3 und 4

	Jürgen Theobaldy: Ein Orakel in der Nähe	**Durs Grünbein: Schädelbasislektion I**	**Norbert Hummelt: der turmfalk**
Thema/Verhältnis des Sprechers/des lyrischen Ich zur Natur	Sommergedicht, allerdings: in einem Zimmer verfasst, die Natur (Wälder) ist „draußen“ oder hinter Glas (Biene im Bernstein); das Orakel verspricht, was es nicht einhalten kann; Verlustempfindung (bei der poetischen Heraufbeschwörung heiler Natur)	radikal reduziertes Verständnis der äußeren und der menschlichen Natur: reine Biologie, Materie mit Verfallsdatum (Sterblichkeit); Antithese von Skelett und Seele: kalte Diagnostik, materialistisches Naturbild	mehrfach medial distanzierte Begegnung (Fensterblick, Telefongespräch, Fernglas) eines beobachtenden Ich mit einem Raubvogel; widersprüchliche Momentaufnahme einer als Besonderheit erlebten Naturerfahrung mit gemischten Gefühlen (Ambivalenz von Nähe und Fremdheit)
Lyrische Formelemente (z. B. Vers, Strophenbau, Metrum, Reim, Rhythmus, Klang)	gleichmäßiger Strophenbau (2 Strophen → 5 Verse); fließender Rhythmus durch lange Satzperioden; einzelne metrische Verse („Die Wälder und Tempel sind draußen“, V. 9) geben dem Text einen lyr. Ton	Versdichtung, ohne lyr. Ich (Darstellung ohne subjektive Anteile); weitgehender Verzicht auf traditionelle lyr. Elemente (Metrum, Reim, Rhythmus); Zeilenbruch als Gestaltungsmittel („Was du bist steht am Rand/…“, V. 1 f.); Konstellationen: Antithese von Skelett und Seele	freie Rhythmen, reimlos; lyr. Ich (beobachtend, reflektierend); Rahmenstruktur: die Naturbegegnung unterbricht das Telefongespräch des am Fenster stehenden Ich (zweimal „am fenster“, jeweils am Anfang und am Ende)
Sprache und Bildlichkeit (z. B. Wortwahl, Stilebene, Satzbau, rhetorische Figuren, Metaphorik)	Alliterationen („die feinen Flügel der Luft“, V. 2); Assonanzen (rührt/Flügel), Metaphorik (Orakel/Glas); poetisches Vokabular („summt vom Gelb des Sommers,/vom Sommer der Waben und des Honiggelbs“, V. 3 f.)	Stilregister der Anatomie bzw. der Alltagssprache; bewusster Verzicht auf poetische Dekoration; zentrale Metapher: „Rachen der Zeit“ (V. 6; als Bild der Vergänglichkeit)	spröde Alltagssprache mit Anklängen an mündliches Sprechen unterstreicht das Momenthafte des Erlebens; Elemente von poetischer Sprache (z. B. rhythmisch-klangvolle Verse wie „dem ich ins gelb umflorte dunkle auge schaue“, V. 10 f.); Einsprengsel von Fachsprachlichkeit („Endbinde“, vermutlich aus dem „Bestimmbuch“) machen den Turmfalken zum „Objekt“ der Betrachtung

5 Grünbein kommentiert in diesem Vortrag das Schreiben als Unterbrechung der (nicht barocken) Vergänglichkeit. Jedes Gedicht, das sich mit bloßer Körperlichkeit befasst, überschreitet aber diese Grenze der Körperlichkeit. Im Gedicht ist dieser Widerstand im Gassenjargon realisiert: „Scheiß Sterblichkeit" (V. 8).

6 Das Hebbel-Gedicht, auf das Hummelt anspielt, wird zu einem intertextuellen Kommentar. In dessen Mittelpunkt steht der Kontrast zwischen der „Feier der Natur" und der „Beute" eines Raubvogels, i.e. zwischen Ernte und Tötung. Die Feier der Natur wird bei Hummelt zur Enttäuschung über diese Natur.

7 Individuelle Lösungen sind gefragt.

8 Die Zusammenstellung der Unterrichtsergebnisse zur Naturlyrik der Gegenwart zu einem Infotext könnte von einer thematischen Ordnung ausgehen: a) Verlusterfahrung und Sehnsucht nach verlorenen Ursprüngen (Theobaldy): Verwendung lyrischer Formelemente und poetischer Sprache zur Darstellung des verlorenen Naturschönen; b) gewollt illusionslose, vordergründig auch emotionslose Naturbeziehungen (Grünbein, Bossong): absichtsvolle Entpoetisierung in Form und Sprache, komplexe Textstrukturen; c) auf intensive Momente reduzierte Naturerfahrung (Hummelt, Scheuermann): angedeutete Poesie (Klang), absichtsvolle Kombination von Sprachvarietäten (Alltagssprache, Fachsprache, poetisches Zitat, Mündlichkeit etc.). Diesen Themen wären die Gestaltungsweisen zuzuordnen (vgl. Aufgabe 4), ggf. in plakativer Vereinfachung.

Modul IV: Gedichte im Vergleich

INTENTION	Bei diesem Modul geht es darum, den Schülern einen Eindruck von der Vielfalt und historischen Veränderbarkeit von themen- und motivgleichen Gedichten zu vermitteln.
ZEITBEDARF	1 Doppelstunde (KV 17), 1 Doppelstunde (KV 18)
MATERIAL	KV 17: Mondgedichte unter den Aspekten Thema und Gestaltung vergleichen *Klett Editionen, Materialien, S. 144: Lexikon der Symbole: Mond* *Klett Editionen, Texte, S. 68 f.: Johann Wolfgang von Goethe: An den Mond* *Klett Editionen, Texte, S. 71: Günter Kunert: Mondnacht* *Klett Editionen, Materialien, S. 147: Horst und Ingrid Daemmrich: Das Motiv in der Literatur* *Klett Editionen, Texte, S. 67: Friedrich Gottlieb Klopstock: Die frühen Gräber* *Klett Editionen, Texte, S. 70: Peter Huchel: Die Sternenreuse* KV 18: Realismuskonzepte des 19. und 20. Jahrhunderts vergleichen *Klett Editionen, Texte, S. 84: Volker Braun: Durchgearbeitete Landschaft*
DIDAKTISCHE HINWEISE	Der Lernweg der Kopiervorlagen 17 und 18 sieht zwei Schwerpunkte vor: Zunächst erhalten die Schüler eine Anleitung zum aspektorientierten Vergleich themen- und motivgleicher Gedichte (KV 17). Im zweiten Schritt erwerben sie umfassende Kenntnisse über die zeittypische Ausgestaltung von Motiven am Beispiel des Realismus (KV 18). Dabei erweitern und festigen sie ihr Epochenwissen.

ZIELVORSTELLUNGEN/ KOMPETENZ-BESCHREIBUNGEN	Die Schülerinnen und Schüler erwerben bzw. verfestigen folgende Kompetenzen: Sie – vergleichen aspektorientiert thematisch/motivisch verwandte Gedichte – werten Sachtexte aus und nutzen diese für die Deutung literarischer Texte – setzen sich fachbegrifflich mit literarischen Texten auseinander – interpretieren die formale Gestaltung eines Gedichts im inhaltlichen Zusammenhang
DURCHFÜHRUNG/ UNTERRICHTSSCHRITTE	1. Im Zentrum von KV 17 steht der Vergleich von Mondgedichten. Zunächst erarbeiten die Schüler ein Gesamtverständnis der beiden Gedichte „An den Mond" (Goethe) und „Mondnacht" (Kunert). Den Schwerpunkt der Doppelstunde bildet die Anleitung zum aspektorientierten Vergleich themenverwandter Gedichte (Aufgaben 3 und 4). Im weiteren Verlauf orientiert die Lehrkraft auf die Epoche des Realismus (Kontextmaterial: „Die Bogenlampe ist dem Menschen gegenwärtiger als der ewige Mond" von Bernhard Diebold). Aufgabe 6 können die Schüler im Rahmen einer Hausaufgabe lösen; dabei lernen sie den Fachbegriff „Motiv" kennen und anwenden. 2. Bei KV 18 steht der Vergleich von Realismuskonzepten des 19. und 20. Jahrhunderts im Mittelpunkt. Zu Beginn der Doppelstunde entwickeln die Schüler durch den Textvortrag ein Grobverständnis der beiden Gedichte „Abseits" von Theodor Storm und „Landschaft" von Rolf Dieter Brinkmann. Zentraler Arbeitsauftrag ist im Verlauf des Unterrichts der Vergleich dieser Gedichte (Gesichtspunkt: Veränderung der Landschaft/der Sicht auf die Landschaft; Aufgabe 2). Zur Vertiefung aktivieren die Schüler eigene Vorstellungen von Realismus und realistischem Schreiben. Sie erarbeiten unterschiedliche Realismusvorstellungen aus dem 19. und 20. Jahrhundert (Fontane: „Poetischer Realismus", Brinkmann: „Notiz") und ordnen die behandelten Gedichte entsprechend ein (Aufgabe 5). Im Rahmen einer Hausaufgabe wird das Realismuskonzept erweitert, indem sich die Schüler mit DDR-Perspektiven auseinandersetzen (Aufgabe 8).

Lösungen

Klett Stundenblätter → S. 38/39

Kopiervorlage 17

1 Ein Cluster, das subjektive Assoziationen zum Mond abruft, bildet den Auftakt; denkbar ist eine Erweiterung dieser Sammlung durch eine Auswertung der Symbolbedeutungen (vgl. Materialienteil der Klett Editionen, S. 144). Mögliche Bedeutungen: Symbol für rhythmischen Wechsel, Wachstum, Vergänglichkeit, Schwankungen; Sinnbild für Zeit/Maß/Gesetz, Weiblichkeit etc. Der Verweis auf die Fotografie (Mondlandung) öffnet den zeitlichen Horizont der Bedeutungsverschiebungen bezüglich des Mondes.

2 Dem hier in überarbeiteter und erweiterter Fassung vorliegenden Gedicht „An den Mond" liegt ein Gespräch des lyrischen Ich mit Elementen der Natur, mit Mond und Fluss, zugrunde. Dieses Gespräch mit dem Mond beruhigt, lindert und tröstet das gequälte lyrische Ich, das eine Verlusterfahrung zu verarbeiten hat (auf den Autor bezogen, könnte die problematische Beziehung zu Frau von Stein der Gegenstand der Qual sein); die vertrauensvolle Wendung an den aufgehenden Mond lässt diesen „wie [einen] Freun[d]" erscheinen. Die Ansprache an den Fluss vermittelt dagegen ein belebendes Element, das, wie das Mädchen in Goethes „Maifest", auch poetologische Konsequenzen hat („Rausche, flüstre meinem Sang/Melodien zu", V. 22 f.).

Kunerts Gedicht „Mondnacht", vermutlich eine bittere intertextuelle Replik auf den Titel des Eichendorff-Gedichts, vermittelt in jeder Hinsicht eine gegenteilige Atmosphäre. Der Mond, ein „lebloser Klotz", erforscht (Mondlandung) und ohne Geheimnisse, vermittelt ein vollkommen desillusioniertes Welt- und Menschenbild. Das „bittere Märchen" (V. 3) ist vermutlich eine Anspielung auf das Märchen der Großmutter aus Georg Büchners Drama „Woyzeck". Mit diesem Märchen beginnt in der Literaturgeschichte die Demontage des Mondes.

3

Thematische Aspekte	Goethe: An den Mond	Kunert: Mondnacht
I. Was wird dargestellt?	Mond, dessen Licht die nächtliche Landschaft erhellt („füllest wieder Busch und Tal"); Fluss, in wechselnden Zuständen (fließend, wütend; im Winter, im Frühling)	der Mond ist ein „lebloser Klotz/Mond eisiger Nächte", „geborstenes Geröll"
	der dargestellte Raum ist ein freundlicher Raum; bedrohliche Elemente/Elemente mit zerstörerischer Qualität („Wenn du in der Winternacht/wütend überschwillst") verlieren im Kontext ihren bedrohlichen Charakter	der Mond ist ein Schreckensraum, gekennzeichnet durch Leblosigkeit und Kälte (Winterlandschaft, Schatten), aber dieser Schreckensraum ist nur die kosmische Erweiterung des Schreckens, den die Menschen auf Erden verbreiten
	Mond/Fluss sind aktiv (vgl. Verben) und entsprechend sind sie Subjekte des lyr. Vorgangs (Mond und Fluss sind auch grammatische Subjekte)	die Natur/der Mond ist Objekt der Beherrschung durch die Menschen („auch dort sind wir hingelangt", V. 16)
	nur in der Mittelstrophe ist das lyr. Ich das Agens; in den letzten beiden Strophen ist das Agens überindividuell und universell	alle Natur ist beherrscht, erobert, zivilisiert; nur der zivilisierende Mensch bleibt ein Tier (Wolf)
II. Wie ist das Verhältnis zwischen Mensch und Natur?	das lyr. Ich ist Teil der Natur, es geht aber nicht in ihr auf	der Mond ist die Verkörperung einer menschenfeindlichen Umgebung und insofern für Menschen geeignet (negatives Menschenbild)
	Mond und Fluss sind Gesprächspartner (vgl. Personalisierungen); die Beziehung des Ich ist geprägt von dem Vertrauen darauf, in diesem Gespräch Trost zu finden	die Haltung des lyr. Ich („unserer", „Wir") zum Mond ist illusionslos, gefühllos, entromantisiert
III. Wie wird das Thema „Natur und Mensch" dargestellt?	das Gespräch mit Mond und Fluss ist in allen Passagen *emotional* geprägt (Herz, Freud, Schmerz, Qual, selig)	sachlich-distanzierter, diagnostizierender Ton; dieser Ton ist der Kälte der Umgebung angemessen
	Natur als Dialogpartner; die Sprechhaltung verändert sich (z. B. Strophen 5 und 8 f.), wenn die Natur nicht mehr der Adressat ist, und wird reflektierend-sentenzenhaft	vordergründig Bezug auf Fakten, wie z. B. Leblosigkeit, eisige Kälte oder Schwerelosigkeit („viel zu leicht/für die Last unserer Herkunft"); im Kontext des Gedichts werden diese Fakten zu *Projektionen* („Gleichnisse", V. 19) eines nihilistisch gefärbten Menschen- und Weltbildes

4

Analyseaspekte	Goethe: An den Mond	Kunert: Mondnacht
Bedeutung des Mondes	für das lyr. Ich bedeutet der Mond Trost	der Mond ist Ausdruck von Kälte und Leblosigkeit und darin ein „Gleichnis" des menschlichen Lebens auf der Erde (1983)
Wortwahl	Inhaltswörter der beruhigenden Atmosphäre: füllest wieder, breitest über, still, lösest endlich, lindernd deinen Blick, mild, Herz, lieber Fluss etc. (V. 1–12)	unpoetische, prosaische Inhaltswörter, z. B. lebloser Klotz, bitter, fremd, heulten, Wölfe, blass, verstummen usw. (vgl. Strophe 1); Neologismen, z. B. „Gelebtwordensein" (V. 4)
Satzbau	harmonische Satzbögen gleicher Länge → Ruhe, Ausgeglichenheit; dynamischere, lebendigere Passagen durch Imperative, Einschübe, Anrede („fließe, fließe", „rausche, Fluss, das Tal entlang")	stark gegliederter, fast zerrissener Satzbau (vgl. V. 1–9), kurze, unregelmäßige Satzbögen (vgl. V. 1–3)
Bildlichkeit/ sprachliche Bilder	Vergleich, Personalisierungen „wie des Freundes Auge" (V. 7), „fließe, fließe, lieber Fluss" (V. 13), „wenn du" (V. 25)	bildlos bzw. reale Bilder (Bild zum Satz: „Der Mensch ist des Menschen Wolf", Mondlandung) mit negativer atmosphärischer Wirkung
Rhetorische Figuren	Alliterationen („Rast und Ruh" (V. 22), Gegensatzpaare, die zum Ausgleich führen: „froh- und trüber Zeit", „Freud' und Schmerz" (V. 10 f.)	Alliterationen als Verstärkung negativer Bilder: „geborstenes Geröll" (V. 10)
Lyrische Formelemente (Reim, Metrum, Rhyhtmus)	Regelmäßiger Kreuzreim, vier- und dreihebiger Trochäus vermitteln einen fallenden, getragenen Vortrag	reimlos, unrhythmisch, ohne erkennbare Metrik
Strophen- und Versbau	gleichmäßiger Bau der Strophen (Wechsel von vier- und dreihebigen Versen)	ungleichmäßiger, zergliederter Strophen- und Versbau, Sonderstellung von „fern" (V. 5)

Eine zusammenfassende Bilanz des Vergleichs sollte die *Geschichtlichkeit* hervorheben, nämlich: die Geschichte des *Gegenstandes*, i. e. des „Mondes" (vom entfernten Gestirn um entdeckten/erforschten Himmelskörper), die Geschichtlichkeit des *Motivs* (Freund/Bild der Leblosigkeit) und der *Form* (poetisches Sprechen/bewusster Poesieverzicht).

5 **a)** Thesenartige Zusammenfassung: Die Bogenlampe (elektrische Straßenlaterne als Lichtquelle) ist für heutige Menschen (1932) aktueller und wirklicher als der „ewige Mond" (Z. 12 f.); nicht die Natur verändert sich, sondern das Naturgefühl/die Naturwahrnehmung der Menschen (vgl. Z. 1–3). Belegt wird diese These an Beispielen: keine Landschaftsmalerei im Mittelalter, keine Bergbesteigung vor Rousseau (vgl. Z. 6 ff; was inhaltlich nicht stimmt: Petrarca bestieg 1386 den Mont Ventoux). Die Natur ist 1932 nicht mehr Idylle, sondern „Kulisse zur sausenden Fahrt" (vgl. Z. 10); die „Wanderer" der Vergangenheit blicken heute „aus dem Fenster des Eisenbahnzuges" (vgl. Z. 20). Die meisten gegenwärtigen Autoren (1932) „erleben" – so der Vorwurf – den Mond allerdings wie vor 100 Jahren; sie setzen sich nicht mit dem Mond in seiner aktuellen Bedeutung auseinander, sondern imitieren den Mond Goethes, Mörikes und Hölderlins.

b) Die Erörterung der Frage, ob Kunert Diebolds Forderung umsetzt, fällt möglicherweise ambivalent aus: Kunert aktualisiert/vergegenwärtigt den Mond, indem er auf dessen Eroberung (Mondlandung 1969) eingeht. Dadurch wird der Mond entzaubert, entpoetisiert, entromantisiert und entmythologisiert. Fraglich ist, ob Diebold bei seiner Forderung daran gedacht haben könnte, dass der entdeckte Mond zum Gleichnis eines radikal negativen Welt- und Menschenbildes werden könnte. Diebold schreibt erkennbar unter dem Eindruck eines technikoptimistischen, neusachlichen Jahrzehnts.

6 **a)** Merkmale und Funktionen eines literarischen Motivs: elementares, bildliches, eine Situation gliederndes Grundelement; nähere Bestimmung eines Themas; in einer Situation „eingefangene Gedankenfigur" (Z. 7 f.), d. h. eine „bildliche[ ] Grundlage" (Z. 20) eines Gedankens/einer Idee; Motive können sich in ihrer Bedeutung über Jahrhunderte erhalten, andererseits mit „gegensätzlichen Vorstellungen" (vgl. Z. 10) verknüpft werden. Beispiele: Eine Ruine kann ein Bild der Nichtigkeit sein, aber auch ein Bild ewigen Werdens und Vergehens oder eine Projektion melancholischer Stimmungen. Das Weg-Motiv: bringt Wanderer, Weg und Ziel in Beziehung; es leistet darüber hinaus eine Verbildlichung des Handlungsmusters: „Abfahrt/Aufbruch und Ziel/Ankunft". Dieses Motiv kann unterschiedlich realisiert werden, z. B. als Schlammpfad („Wandrers Sturmlied"), als Felsenpfad („Der Wandrer") oder als holprige Landstraße („An Schwager Kronos").

Nachtrag und Ergänzung: Je nach Ausgestaltung verändert sich die Bedeutung des Weg-Motivs: Der Felspfad vermittelt den einsamen Weg des Wanderers zur Antike (Italienreise), der Schlammpfad versinnbildlicht den Gegensatz zum Flug des

Genies („Wandrers Sturmlied“) und die holprige Landstraße in „An Schwager Kronos“ illustriert die Widrigkeiten und Hindernisse auf dem Lebensweg.

b) Klopstocks „Frühe Gräber“ enthält als Motivkerne den Mond/die Mondnacht, die Morgendämmerung, den Mai und die frühen Gräber (Gräber Frühverstorbener, evtl. eine Anspielung auf den frühen Tod von Klopstocks Frau). Diese Motive lassen sich ordnen: Während das Grabmotiv Endlichkeit, Verlust und Trauer vermittelt, bilden Morgendämmerung und Mai-Bilder die Antithese dazu; es sind Bilder eines Anfangs und Neubeginns. Das Mond-Motiv wird in diesem Gedicht mit dem *Freundschaftsgedanken* verknüpft („Gedankenfreund!/Sehet, er bleibt“, V. 3 f.).

Auch in „Die Sternenreuse“, das Huchel 1927/28 verfasst, ist der Mond ein zentrales Motiv. Die Ausarbeitung des Mond- und Sternemotivs führt zu einer doppelten Perspektive: In den ersten beiden Strophen wird der Blick auf das Wasser gelenkt, in dem sich Mond und Sterne spiegeln und aus dem das Ich seine Träume fischt; in der 3. Strophe richtet sich der Blick nach oben ins „dunkle All“. In dieser reflektierenden und bilanzierenden Strophe dominiert ein fast elegischer Rückblick, auch vermittelt durch die Metaphorik des Wassers als Lebensstrom und die daran geknüpfte Frage: „War es mein Leben?“ Der Blick ins „dunkle All“ vergegenwärtigt in den letzten beiden Versen, wie zum Greifen nah, „damals“, in diesem Sternenreusenmoment, Mond und Sterne waren.

Klett Stundenblätter → S. 40/41

Kopiervorlage 18

1 Die ruhige und stille Atmosphäre in Storms „Abseits“, der langsam fließende Rhythmus und das regelmäßige Metrum verlangen ein getragenes Vorlesen. In Brinkmanns „Landschaft“ vermittelt die katalogartige Aufzählung die Atmosphäre einer Bestandsaufnahme. Angemessen wäre hier die Sprechhaltung eines Bilanzbuchhalters.

2 Sowohl in der Darstellung der Landschaft selbst wie auch in der Sicht auf die Landschaft unterscheiden sich die beiden Gedichte radikal voneinander. In Storms „Abseits“ ist das gesamte Material einer Heide-Idylle versammelt: rosenroter Schimmer, alte Gräbermale, Sommerluft, blühende Kräuter, Bienen, Lerchen, eine Kate samt Kätner und Sohn, der sich eine Pfeife schnitzt, eine entfernte Dorfuhr. Natur und Mensch bilden eine Einheit. Die *Sicht* auf diese einsame und entlegene Welt ist zugewandt und liebevoll; der Blick gilt dem Großen (Heide, Sommerluft), dem Kleinen (Kate) sowie Kleinsten (Laufkäfer, Bienen etc.) und verbindet die Teile zu einem harmonischen Ganzen.

Im Gegensatz dazu wird der Leser in Brinkmanns „Landschaft“ mit einer abweisenden Natur konfrontiert („was suchen Sie da?“, „Privat“-Warnschild, „flüchtende Tiere“); deren inventarisierte Teile ergeben unterm Strich eine Mülldeponie; die Einheit in „Abseits“ zerfällt hier ins Partikulare und Zusammenhanglose. Entsprechend der Deponienatur fällt auch die Sicht auf diese Welt aus: kühl, distanziert, sachlich bis zur Nummerierung der Naturelemente. Nur der letzte Vers („1 Zenwitz“) scheint den rein gegenständlichen Charakter des Gedichts zu überschreiten. Möglicherweise ist es eine ironisch gewendete Aufforderung zur Versenkung in Glasscherben und Strumpfhose.

3 Individuelle Lösungen sind gefragt. Bei der Präsentation und Besprechung der entstandenen Texte geht es vor allem darum, die „Textbildungsregeln“ transparent zu machen. Bei Storms Stimmungskonstruktion wären zu nennen: äußere und innere Situation (Mittagsruhe, Behaglichkeit, Kontemplation), Adjektivreichtum, Verben der Bewegung (bezogen auf die Natur) und der Betrachtung (bezogen auf die Menschen), Blick für das Kleine, Diminutive. Eine Erweiterung des Gedichts „Landschaft“ erfordert neben der Aufzählung von weiterem aktuellem *Trash* (Handy, PC-Drucker, ALDI-Tüte etc.) und der Anpassung an die grafische Anordnung der Verse auch die Einfühlung in die Sprache. Denn diese erinnert bewusst an Diagnose/Autopsie („nicht mehr zu bestimmen“, V. 2) und Ersatzteillager (1 künstliche Wand, schallschluckend, V. 4).

4 *Realismus* könnte (unabhängig von der Epochenbezeichnung) als eine Haltung/eine Sicht der Dinge beschrieben werden, die an die Wortbedeutung von „real“ anknüpft: eine an Wirklichkeit und Gegenständlichkeit orientierte Weltsicht; im Gegensatz dazu stehen Unwirklichkeit, Traum, Gefühl, Ideal, Romantik, Utopie etc. *Realistisch schreiben* könnte über Synonyme und Antonyme erschlossen werden, z. B.: naturgetreu, nüchtern, sachlich, objektiv, überprüfbar. Im Gegensatz dazu steht ein emotionales, stimmungsbezogenes, subjektives, poetisches Schreiben. Denkbar ist auch, das *fiktionale* Schreiben als Gegensatz zu nennen.

Eine davon abgeleitete Einordnung der beiden Gedichte könnte ergeben, dass Brinkmanns „Landschaft“ sowohl dem Realismusverständnis der Schüler als auch deren Vorstellung von realistischem Schreiben entspricht; die Einordnung von Storms Gedicht könnte ambivalent ausfallen: Auf der einen Seite ist der Bezug auf das Gegenständliche evident; auf der anderen Seite wird deutlich, dass es um die Vermittlung von Stimmung geht.

5

Fontane: Poetischer Realismus	Brinkmann: Notiz
- Realismus ist keine „nackte Wiedergabe des alltäglichen Lebens" - der Stoff (die „Wirklichkeit") ist das Material der Kunst - „Widerspiegelung alles wirklichen Lebens im Elemente der Kunst" - dieses Leben umfasst „das Größte wie das Kleinste", „den höchsten Gedanken, die tiefste Empfindung" - der Realismus will nicht die „bloße Sinnenwelt", sondern das „Wahre"	- das gegenwärtige Gedicht nimmt nur Material" auf, das „alltäglich" ist - erforderlich ist das „genaue Hinsehen" - wie ein „snapshot" enthält das Gedicht „spontan erfasste Vorgänge und Bewegungen" des Moments - Gedichte halten Augenblicke fest, in denen die „Empfindlichkeit" des Schreibenden zum Ausdruck kommt - bewusster Verzicht auf „Kunst" (d.h. auf formales und symbolisches Potenzial von Gedichten)

Zentrale Unterschiede: a) die „Kunst", die bei Fontane eine zentrale Rolle spielt, ist bei Brinkmann negativ konnotiert; an anderer Stelle macht Brinkmann deutlich, dass er sich beim Schreiben nicht von der deutschsprachigen Lyrik, sondern vom Film inspirieren lässt; insofern ist der Begriff des „Fotorealismus" für seine Lyrik angemessen; b) anders als bei Fontane ist Brinkmann zufolge das „Wahre" keine Kategorie der Gegenwartsliteratur.

Diese Abgrenzungen machen deutlich, dass der Realismus als Epochenbezeichnung keine Reduktion auf das real Vorhandene, Gegenständliche und nur sinnlich Wahrnehmbare erlaubt. Zentrale Kategorien (Kunst, das Wahre) übernimmt der Realismus wie einen Staffelstab von Klassik und Romantik; er setzt mit seiner Orientierung am Stofflichen/Wirklichen aber eine andere Priorität.

6 Storms „Abseits" entspricht in allen relevanten Punkten der Realismusdefinition Fontanes. Die einzelnen Punkte lassen sich textbezogen bestätigen. Exemplarisch vertieft werden könnte dabei die Analyse unter der Fragestellung, an welchen Passagen der Text über die „bloße Sinnenwelt" hinausgeht und Stimmungsqualität („tiefste Empfindung") erreicht. Auch Brinkmanns „Landschaft" ist bis in die Konstruktion der Verse hinein ein Beispiel für die Snapshot-Theorie des Fotorealismus. Nicht zur Sprache kommt, dass sich Brinkmann in der formalen und sprachlichen Gestaltung, d.h. in der Konstruiertheit des Gedichts, trotz des antiphilologischen Widerstands noch innerhalb der Kunst bewegt.

7 Das Entstehungsjahr des Gedichts 1847 steht im Kontext eines historischen Horizonts, an dem sich Revolution und Umbruch abzeichnen (Missernten und Hungerrevolten, Krisenjahr 1847, Pauperismus, Märzrevolution 1848). Dies steht in deutlichem Gegensatz zu der Welt, die in „Abseits" entworfen wird. Storm selbst, der sich der schleswig-holsteinischen Freiheitsbewegung verpflichtet fühlte und politische Lyrik verfasste, musste dies auch so gesehen haben. Bei genauer Lektüre vor allem des Titels und der letzten beiden Verse wird dies deutlich. Denn in diesen Versen werden die Grenzen dieser stimmigen Welt markiert. Die Idylle ist fragil und bedroht, der Sprecher kein Träumer, sondern ein Realist, der mit Sympathie begleitet, was verloren gehen wird.

8 Volker Braun, namhafter Lyriker der DDR, schrieb das Gedicht 1971. Der Verfasser, alles andere als ein Adept der DDR-Führung, setzt sich hier mit der Auffassung des Marxismus-Leninismus auseinander, wonach der Aufbau des Sozialismus die Kolonialisierung und die Rekultivierung der Natur im Namen des Fortschritts einschließt. Während der erste Teil des Gedichts (bis zum zweiten „Hier sind wir durchgegangen") die Naturaneignung im Vokabular der Zerstörung kommentiert (durchlöchert, aufgerissen, abgeteuft, ausgelöffelt, zerhackt, verschüttet, zersiebt usw.), liefert der zweite Teil das sozialistische Beispiel für die „Humanisierung der Natur". Allerdings wird dieser Vorgang nicht im Tonfall einer Aufbau-Euphorie, sondern reserviert und distanziert kommentiert. In der Bedeutung ambivalent ist auch die metaphorische Beschreibung des neu entstandenen Sees „der Erde/aufgeschlagenes Auge" (V. 20 f.); das Augenaufschlagen ist mimischer Ausdruck für einen Wahrnehmungs- oder Erkenntnisvorgang; ein „aufgeschlagenes Auge" signalisiert eine Verletzung.

Modul V: Gefährdete Natur im Gedicht

INTENTION	Dieses Modul soll den Schülern vor Augen führen, dass Naturlyrik nicht nur Ausdruck eines Naturbildes ist, sondern darüber hinaus auch eine ökologisch-politische (gesellschaftskritische) Dimension haben kann.
ZEITBEDARF	1 Doppelstunde (KV 19)
MATERIAL	KV 19: Gesellschaftskritische Aspekte in der Naturlyrik untersuchen
DIDAKTISCHE HINWEISE	Das Thema „Gefährdete Natur" ist den Schülern in der Regel nicht nur innerlich nahe, sondern erschließt sich ihnen auch leicht, sodass sie hier weitgehend selbstständig (auch bei der Erschließung weiterer Gedichte aus dem Modul VI der Klett Editionen) arbeiten können.

ZIELVORSTELLUNGEN/ KOMPETENZ-BESCHREIBUNGEN	Die Schülerinnen und Schüler erwerben bzw. verfestigen folgende Kompetenzen. Sie - erschließen und deuten Gedichte im Hinblick auf wesentliche formale, sprachliche und inhaltliche Elemente - interpretieren Gedichte mithilfe verschiedener Kontexte (biografisch, historisch-gesellschaftlich, Welt- und Menschenbild der Epoche, epochenspezifische Themen, Motive und Gestaltungsmittel) - untersuchen Gedichte vergleichend im Hinblick auf die unterschiedliche Gestaltung von Themen und Motiven - beurteilen historisch bedingte Intentionen und Ausdrucksformen lyrischen Sprechens - ordnen Gedichte in einen zeitgeschichtlichen und sozialgeschichtlichen Hintergrund ein
DURCHFÜHRUNG/ UNTERRICHTSSCHRITTE	Die Kopiervorlage kann in selbstständiger häuslicher Arbeit von den Schülern zur Besprechung vorbereitet werden. Im Unterricht sollten dann – etwa in Form von Kurzreferaten – weitere Gedichte zum Thema (entweder aus dem Modul VI der Klett Editionen oder selbst recherchierte) vorgestellt werden. Aufgabe 7 fokussiert die politische Dimension von Sarah Kirschs Lyrik und kann zur Behandlung von Modul VI überleiten.

Lösungen

Klett Stundenblätter → S. 42/43

Kopiervorlage 19

1 Hier sollten Sätze der Form „Ich habe Angst um die Natur.", „In der Natur zu sein, bedeutet für mich, mich als Teil der Welt zu fühlen." oder „In der Natur kann ich mich erholen." entstehen. Vgl. hierzu auch Aufgabe 2.

2 Bis in die Anfänge des 20. Jahrhunderts hinein hatte Natur „den Anschein des Heilen und des Heilenden", in den 1960er-Jahren drückten die Naturdarstellungen immer stärker die Zerstörung der Natur durch den Menschen aus.

3 Das Gedicht macht deutlich, dass, so Grimm, „die Zerstörung der Natur deutlich" geworden ist: Nur für den, der „hier keine Zeitung hält/Ist die Welt noch in Ordnung" (V. 11f.).

4

Feier der Natur	unangenehme Atmosphäre
Dünnbesiedelt das Land (V. 1) Liegen die Dörfer schläfrig (V. 3) Wolken/Wie Berge fliegen sie über die Wälder (V. 9f.) Spiegelt sich schön (V. 14)	riesige Felder und Maschinen (V. 2) Steinwurf (als potenzielle Bedrohung; V. 5) *Noch* fliegt die Graugans, spaziert der Storch/Durch *unvergiftete* Wiesen (V. 8f.) Wenn man hier keine Zeitung hält/Ist die Welt in Ordnung (V. 11f.) feuerrot (V. 15)

5 Dotzauer erklärt die Vermischung aus der Befürchtung Kirschs, aus dem „Stand der Gnade" jederzeit vertrieben werden zu können. Was genau mit dem „Stand der Gnade" gemeint ist, wird dabei nicht deutlich, allerdings wird die Verbindung zur DDR („Die Wirklichkeit eines Landes, das sie im Jahr darauf [...] gen Westberlin verließ"; vgl. dazu auch Aufgabe 7) gezogen und auf die „Hässlichkeit der bewohnten Welt" verwiesen.

6 Das Gedicht „Im Sommer" besteht aus drei fünfzeiligen Strophen. Auffällig ist, dass es weder Reime noch ein Metrum gibt (die Zahl der Hebungen schwankt zwischen drei und fünf); außerdem weist der Text zahlreiche Enjambements auf. Das Gedicht vermittelt so einen unruhigen, wenig harmonischen Eindruck, der im Kontrast zur beschriebenen Landschaft steht. Hinzu kommen die selbst vorgenommenen Einschränkungen: „trotz" (V. 2), „selten" (V. 5), „noch" (V. 8) und „wenn" (V. 11).

7 Die politische Dimension des Gedichts „Im Sommer" erschließt sich erst über den biografischen Kontext. Liest man den Gedichttext aber als Beschreibung der DDR, kann man ihm politische und gesellschaftliche Kritik entnehmen (etwa die mauerhafte Eingrenzung der schläfrigen Dörfer durch Buchsbaumhecken als Anspielung auf die Mauer oder die politische Ignoranz: „[Nur] wenn man hier keine Zeitung hält/ Ist die Welt in Ordnung.").

Modul VI: Politik im Naturgedicht

INTENTION	Bei diesem Modul erarbeiten sich die Schüler prominente Beispiele für die gesellschaftskritisch-politische Dimension von Naturlyrik.
ZEITBEDARF	1 Doppelstunde (KV 20)
MATERIAL	KV 20: Die Politisierung der Literatur bei Brecht untersuchen
DIDAKTISCHE HINWEISE	Das Thema „Politik im Naturgedicht" korrespondiert mit Modul V und dem Thema „Gefährdete Natur". Die Kopiervorlagen haben dabei exemplarischen Charakter. Wichtig ist, dass die behandelten Gedichte jeweils hinreichend kontextualisiert werden (vgl. dazu auch die Materialien in den Klett Editionen, S. 152–154). Wie schon in Modul V könnten die Schüler auch hier wieder selbst recherchierte bzw. ausgewählte Gedichte präsentieren.

ZIELVORSTELLUNGEN/ KOMPETENZBESCHREIBUNGEN	Die Schülerinnen und Schüler erwerben bzw. verfestigen folgende Kompetenzen. Sie - erschließen und deuten Gedichte im Hinblick auf wesentliche formale, sprachliche und inhaltliche Elemente - interpretieren Gedichte mithilfe verschiedener Kontexte (biografisch, historisch-gesellschaftlich, Welt- und Menschenbild der Epoche, epochenspezifische Themen, Motive und Gestaltungsmittel) - untersuchen Gedichte vergleichend im Hinblick auf die unterschiedliche Gestaltung von Themen und Motiven - erläutern und bewerten verschiedene Sichtweisen des Menschen und divergierende Sinnentwürfe - beurteilen historisch bedingte Intentionen und Ausdrucksformen lyrischen Sprechens - ordnen Gedichte in einen zeitgeschichtlichen und sozialgeschichtlichen Hintergrund ein
DURCHFÜHRUNG/ UNTERRICHTSSCHRITTE	Die Kopiervorlage kann selbstständig durch die Schüler zur Besprechung vorbereitet werden (auch arbeitsteilig als Hausaufgabe). Sie wäre aber gründlich nachzubesprechen, um möglichen Fehlinterpretationen vorzubeugen.

Lösungen

Klett Stundenblätter → S. 44/45

Kopiervorlage 20

1 Bäume sind ein Hauptgegenstand naturlyrischer Dichtung. Mit seinen Versen erteilt Brecht gleichsam eine Absage an dieses Genre mit einer jahrhundertelangen Tradition (vgl. dazu aber Aufgabe 3). Hinzu kommt, dass hier der Gedanke (nicht über Untaten zu schweigen) in ein konkretes Bild gefasst ist: Etwas Unverfänglicheres als ein Gespräch über Bäume kann man sich kaum vorstellen, doch genau dies werde nun zum Verbrechen. – Die Gedichte von Eich, Celan und Enzensberger sollen vor allem die nachhaltige Wirkung von Brechts Versen belegen.

2 Erich Fried macht in seinem Gedicht deutlich, dass Brechts Gedichte nicht nur eine ungebrochene Aktualität besitzen, sondern sich auch eine bis heute „unmittelbare Verständlichkeit" bewahrt haben, wodurch die weitere Rezeption und künstlerische Verarbeitung natürlich begünstigt wird.

3 Fried betrachtet das Gedicht zum einen im Kontext seiner Rezeption durch andere, zum anderen vor dem Hintergrund weiterer Werke Brechts (seiner „Hauspostille" und der „Buckower Elegien").

4 Frieds Ansicht nach seien Brechts Verse als „Aufruf zur Abwendung von der Natur zugunsten der Politik" missverstanden worden. Brecht aber habe „die Störung des Verhältnisses zur Natur […] als *Fluch* der finsteren Zeiten [betrachtet]".

5 Frieds Aussagen würde wohl kein namhafter Dichter widersprechen, zumal ein „Gespräch über Bäume" seit diesen Versen Brechts immer auch eine politische Dimension hat. Genau damit spielt etwa Günter Eich in seinen Versen „Die Kastanien blühn./Ich nehme es zur Kenntnis,/äußere mich aber nicht dazu". Diese schließen nicht nur das Nichtverschweigen von Untaten (Ich äußere mich nicht dazu, weil ich Brecht gelesen habe und es, wie jeder weiß, in diesem Augenblick Wichtigeres zu sagen gibt.) mit ein, sondern eben auch das Bild der blühenden Kastanien.

Modul VII: Poetik im Naturgedicht

INTENTION	In diesem Modul erhalten die Schüler Einblicke in die gedankliche und sprachliche Vermitteltheit der Beziehung des Menschen zur Natur und in die geschichtliche Bedingtheit dieser Vermittlung.
ZEITBEDARF	1 Doppelstunde (KV 21)
MATERIAL	KV 21: Natur - Sprache - Sprecher: eine Entwicklung rekonstruieren *Klett Editionen, Materialien, S. 118: Novalis: Aus den Kunstfragmenten* *Klett Editionen, Materialien, S. 120: Wilhelm Wackenroder: Von zwei wunderbaren Sprachen* *Klett Editionen, Materialien, S. 140: Günter Eich: Der Schriftsteller vor der Realität* *Klett Editionen, Texte, S. 93: Günter Eich: Die Häherfeder* *Klett Editionen, Texte, S. 95: Friederike Mayröcker: Mitten in einer Gedichtzeile* *Klett Editionen, Texte, S. 97: Hans Magnus Enzensberger: Windgriff*
DIDAKTISCHE HINWEISE	Bei dieser Kopiervorlage bildet der Lernweg zwei Schwerpunkte: Zunächst erarbeiten die Schüler (kontrastiv) die romantische Gewissheit, die Welt (im Lied, Gedicht etc.) verstehen zu können. Danach setzen sie sich mit der in der Gegenwartslyrik herrschenden Skepsis gegenüber dieser Vorstellung auseinander.

ZIELVORSTELLUNGEN/ KOMPETENZ-BESCHREIBUNGEN	Die Schülerinnen und Schüler erwerben bzw. verfestigen folgende Kompetenzen: Sie - erschließen literarisch anspruchsvolle Texte aspektbezogen (unter einer Fragestellung) - werten Sachtexte aus und wenden das hierdurch erworbene Wissen auf literarische Texte an
DURCHFÜHRUNG/ UNTERRICHTSSCHRITTE	Zum Einstieg könnte die Lehrkraft das Novalis-Zitat „alles Bestreben nach Wahrheit in den Reden und Gesprächen von der Natur entfernt nur immer mehr von der Natürlichkeit" („Die Lehrlinge zu Sais", 1798/99) wiedergeben. Nach einem kurzen Austausch hierüber erarbeiten die Schüler in Partnerarbeit (Aufgabe 1) und in Gruppen- oder Einzelarbeit (Aufgabe 2a) die Gedichte von Novalis („Wenn nicht mehr Zahlen und Figuren") und Eichendorff („Wünschelrute"). Diese beiden programmatischen Gedichte der Romantik enthalten explizit (Novalis) und implizit (Eichendorff) eine Auseinandersetzung mit der naturwissenschaftlich orientierten Welterfassung der Neuzeit. Im Auswertungsgespräch könnten die Gegensätze exemplarisch hervorgehoben werden und ein kontrastives Tafelbild ergeben. Auch die syntaktische Wenn-Dann-Struktur des Novalis-Gedichts könnte im Tafelbild visualisiert werden. Zu Beginn der zweiten Stunde beschäftigen sich die Schüler mit Günter Eichs Rede „Der Schriftsteller vor der Realität" (Aufgabe 3). Die darin zum Ausdruck kommende Sprachskepsis kann die Lehrkraft an Hofmannsthals Chandos-Brief (Klett Editionen, S. 130) noch vertiefen. Das Harald-Weinrich-Zitat (Aufgabe 4) lässt sich als Impuls zum Unterrichtsgespräch nutzen. Bei den Aufgaben 5 und 6 bietet sich arbeitsteilige Gruppenarbeit an.

Lösungen

Klett Stundenblätter → S. 46

Kopiervorlage 21

1

Wissenschaftliche, analytische Welterfassung	Poetische Welterschließung
Zahlen (Mathematisierung/Formalisierung), Figuren (naturwissenschaftliche Modelle, Kategorien, geometrische/rhetorische Figuren etc.); Tiefgelehrte (Professoren, beamtete Klugheit); Welt (V. 5) (gesellschaftliche Welt, Statusorientierung)	Märchen, Gedichte, Lieder, Traum, Zauberwort, Weltgeschichten (Mythen); die, so singen oder küssen; ganze Welt (V. 6) (universale Bedeutung)
Licht und Schatten sind Gegensätze	Licht und Schatten bilden eine Einheit
Wenn-Dann-Struktur des ganzen Novalis-Gedichts: Das vierfach aufgenommene konditionale „Wenn" (V. 1–10) wird im „Dann" (V. 11 f.), d. h. in der Erkenntnis der verkehrten Welt, aufgelöst.	

2 **a)** Diese Frage könnte anhand systematischer Gegensätze erörtert werden: abstrakte Welt (Vermessung der Welt) vs. sinnliche Welt (hören, sehen, fühlen); Spezialisierung/Partialisierung vs. Ganzheitlichkeit/Universalität; Rationalität vs. Gefühl (singen und küssen), Objektivität vs. Subjektivität.

b) Novalis erinnert in seinen Fragmenten an einen Ursprung (ein Goldenes Zeitalter, in dem die Menschen noch ein natürliches, d. h. vorgeschichtliches Verhältnis zur Natur hatten und sich die Welt sinnlich, ganzheitlich und emotional erschlossen). Von diesem Zustand haben sich die Menschen entfernt. Um sich das ursprüngliche und unschuldige Naturverhältnis wieder zu eigen zu machen („Ursprung ist das Ziel", Novalis), sind Gedichte, die in Bildern die Hieroglyphenschrift der Natur erschließen (Wackenroder), Lieder, Träume und Märchen die medialen Schlüssel.

Bei der Beurteilung dieser Gegenüberstellung könnten aktuelle Bezüge eine Rolle spielen (Naturzerstörung als Konsequenz des wissenschaftlichen Fortschrittsprojekts; Ökologie, selbst Esoterik); denkbar sind auch kritische Einwände gegen Novalis' Vorstellung von dem einen geheimen Wort sowie gegen Wackenroders und Eichendorffs mythische Sprachkonzepte („Zauberwort").

3 Eich zufolge ist Schreiben der Versuch, sich in einer Welt zu orientieren, die sich einem nicht mehr zweifelsfrei erschließt. Die eigentliche Sprache ist die, in der Wort und Ding zusammenfallen (nicht im Sinne von Laut und Bezeichnung, sondern in der Bedeutung, dass Wort und Sinn zusammenfallen). Der Schriftsteller versucht, aus dem „Urtext" zu übersetzen, ohne diesen zu kennen. In diesem Versuch ist er erst bei den Dingwörtern angelangt; mit ihnen bezeichnet er einfachste und elementarste Dinge der Welt (z. B. Baum, Mond).

4 Eichs 1956 formulierte Sprachskepsis hängt mit der im Dritten Reich prägenden Erfahrung von Lüge und Propaganda, von Verfälschung der Wirklichkeit durch Sprache zusammen. Begriffe wie Endlösung, Lebensraum, Blut und Boden, Volksgerichtshof sind Beispiele, an denen das Verbergen und Verbiegen der Wahrheit plakativ offenkundig wird; Fälschung ist aber in jeder Tageszeitung, in jeder Betriebsansprache, in jedem juristischen Plädoyer präsent. Kein Wort ist mehr unschuldig. Dies gilt in ähnlicher Weise auch für die 1956 aktuelle Situation Eichs. Eich hatte früh den Verdacht, dass sich im Wirtschaftswunder-Deutschland eine Wirklichkeitsbehauptung etabliert, die keine Fragen mehr zulässt.

5 In „Die Häherfeder" ist Eichs Bemühen um den „Urtext" nachzuvollziehen und gleichzeitig auch das Scheitern dieses Versuchs. Das lyrische Ich weiß sich einem „Geheimnis" näher, das aber nicht ins Bewusstsein dringt und noch nicht zur Sprache kommt („doch gibt es dafür kein Wort", V. 8). Diese Haltung entspricht der Situation des Schriftstellers, wie sie Eich Jahre später in seiner Rede formuliert. Deutlich ist auch, dass Eich mit diesem Gedicht poetologisch Abschied genommen hat von naturmagischen Gedichten, in denen durch mythische Rede der Zugang zum „Ursinn" zu gelingen scheint.

6 Bei Mayröcker wird die Skepsis durch das Unterbrechen des Schreibens realisiert. Einem dreifach wiederholten „Innehalten" folgt ein „Wissen", ausgelöst durch das Verstummen des „Vögelchens", dem der Abbruch des Versuchs folgt. Die Einheit von Wort und Ding im Gedicht („ach die rosa Malve eines Gedichts in Blütenseide gehüllt", V. 10) kommt nicht zustande, aber der Versuch ist nicht umsonst. Es ist die Entdeckung einer „Sperrzone", vor der das Ich begreift, was es nicht sagen kann. Enzensberger formuliert in seinem poetologischen Gedicht die Skepsis in der Form einer sehr fragilen Hoffnung, die im Vergleich von Wort und Pappelsamen zum Ausdruck kommt. In diesem Vergleich ist das Vertrauen auf die Fruchtbarkeit des Samens/des Wortes verknüpft mit dem Bewusstsein von dessen Leichtigkeit/Verwehbarkeit. Nicht der Samen/das Wort entscheidet darüber, ob er/es steigt oder sinkt, sondern der Wind und der Boden. Und fruchtbar ist der Samen „später vielleicht … vielleicht auch nicht" (V. 12, 15).

Modul VIII: Wiederholen und Sichern

INTENTION	In diesem letzten Modul sollen die Schüler ihre Kompetenzen im Umgang mit Gedichten kritisch reflektieren und je nach individuellem Lernstand erweitern sowie festigen.
ZEITBEDARF	1 Einzelstunde (KV 22)
MATERIAL	KV 22: Eine Diagnose zum Lernstand erstellen
DIDAKTISCHE HINWEISE	Diese Kopiervorlage gibt den Schülern die Möglichkeit, die im Rahmen der Unterrichtseinheit „Natur und Mensch – Lyrik vom Sturm und Drang bis zur Gegenwart" erworbenen Kompetenzen im Umgang mit Gedichten einzuschätzen.

ZIELVORSTELLUNGEN/ KOMPETENZ-BESCHREIBUNGEN	Die Schülerinnen und Schüler erwerben bzw. verfestigen folgende Kompetenzen: Sie - diagnostizieren ihren Lernstand bezogen auf die Unterrichtseinheit - analysieren Gedichte im Hinblick auf wesentliche formale, sprachliche und inhaltliche Elemente - überprüfen ihre Selbsteinschätzung anhand der Lösungsergebnisse
DURCHFÜHRUNG/ UNTERRICHTSSCHRITTE	Die Kopiervorlage kann in selbstständiger häuslicher Arbeit von den Schülern zur Besprechung vorbereitet werden. Die Auswertung erfolgt im Unterrichtsgespräch; alternativ kann die Lehrkraft die Lösungen (z. B. per Beamer) zur Verfügung stellen. Um individuelle Defizite auszugleichen, sollten die Schüler selbstständig weitere Gedichte analysieren (z. B. „Der März in der Luft des Hochhauses" von Jürgen Becker; Klett Editionen, S. 59).

Lösungen

Klett Stundenblätter → S. 47

Kopiervorlage 22

1 und 2

Das kann ich: ☺😐☹	Kompetenz	Joseph von Eichendorff: Frühlingsnacht
	Eine Deutungshypothese formulieren (Thema)	Verknüpfung von Liebeslyrik/Naturlyrik: Es geht um ein lyrisches Ich und dessen beglückende Liebeserfahrung. Die Natur (Mondnacht, Frühling) ist Kommunikationspartner dieses Glücks. Sie vermittelt die Botschaft.
	Ein Gedicht in seinem Aufbau darstellen/gliedern	1. Strophe: Skizze der Wahrnehmungssituation: oben: die Ankunft der Wandervögel zeigt den Frühling an; unten: beginnende Blüte. Auf diese Weise wird der Stimmungsraum für das lyr. Ich eröffnet. 2. Strophe: Lyr. Ich und dessen innere Situation: Aufgewühltheit (Gleichzeitigkeit von „jauchzen" und „weinen"). 3. Strophe: Die Natur (Mond, Stern, Hain, Nachtigall) verkündet die Botschaft: „Sie ist Deine".
	Motive/wichtige Bilder/ Metaphorik im Gedicht herausarbeiten	Leitmotive: Frühling, Frühlingsdüfte, Blüte als Bilder einer (wieder?) neu erblühten Liebe. Das romantische Inventar (Mond/Mondlicht, Sterne, rauschender Hain, Nachtigallen) wird aufgerufen, um dem Ich sein Glück zuzuraunen.
	Sprachliche Gestaltung (Wort/Wortfelder, Satz, rhetorische Figuren) erkennen und interpretieren	poetisches Vokabular (Lüfte, Frühlingsdüfte, jauchzen); die Natur und ihre Elemente sind die Aktanten (vgl. Verben: ziehen, blühen, scheinen, sagen, rauschen, schlagen); in der Anapher (Und/Und, V. 9 ff.) sind die „Gesprächspartner" (Mond, Nachtigall) des lyr. Ich verbunden; Chiasmus: „Jauchzen möcht' ich/[ich] möchte weinen" (V. 5) markiert in der Anfangs- und Schlussposition im Vers die exzentrischen Gefühle; Wiederholung („Sie ist Deine, sie ist dein!", V. 12) verstärkt das Glücksempfinden; Satzarten: 2 x Ausruf (Ausdruck starker Gefühlsregung)
	Lyrische Formelemente (Reimschema, Metrum, Laut- und Klangfiguren, Rhythmus) erkennen und auswerten	Volksliedstrophe; Kreuzreim, alternierend weibliche/männliche Kadenzen; a/b-Reime sind durch Assonanzen verbunden (Lüfte/blühn; weinen/sein); regelmäßiger 4-hebiger Trochäus; bewegter Ryhthmus, erzeugt durch wechselnde, eher kurze Satzbögen; helle Vokale in der mittleren Strophe vermitteln die heitere Atmosphäre (innen und außen)
	Gedichte in ihren Kontext (Zeit/Epoche) einordnen	vgl. romantische Motive: Nacht (Mond, Sterne, Nachtigall, Träume), Liebe/Einheit von Mensch und Natur

3 und 4 Individuelle Lösungen sind gefragt.

Hinweis zur Übungsklausur (KV 23)

Die Übungsklausur für Schüler (KV 23) wird in dem Heft „Klausurtraining: Natur und Mensch. Gedichte interpretieren" (ISBN 978-3-12-352534-6) in allen Arbeitsschritten exemplarisch erschlossen. Mithilfe des Heftes lassen sich die einzelnen Arbeitsschritte, an deren Ende der Aufsatz steht, nachvollziehen. Eine Musterklausur zeigt, wie ein fertiger Schüleraufsatz zu der gestellten Aufgabe aussehen könnte.

In der **Einleitung** sollen Sie zunächst die notwendigen Informationen wie Autor, Titel und Erscheinungsjahr des Gedichts nennen. Das Interesse des Lesers können Sie wecken, indem Sie dann das Thema oder Problem benennen, von Ihrem Leseeindruck ausgehen, oder auch aktuelle Bezüge herstellen.

Im **Schluss**teil können Sie die Gedanken der Einleitung noch einmal aufnehmen, Bezüge zu anderen Texten oder literarischen Entwicklungen herstellen und ein Fazit daraus ableiten.

1. → 2. → 3. → 4. → **5. Klausur schreiben** → 6.

Schreiben Sie nun den Aufsatz. Nutzen Sie dazu Ihre Vorarbeiten und Ihre Gliederung.

Einleitung:

Reisen ist für uns heute eine Selbstverständlichkeit. Wir wollen die Monotonie des Alltags hinter uns lassen, andere Menschen und Länder kennen lernen. Auch das Aussteigen aus einer Welt, in der sie sich als fremd bestimmt erfahren, ist für Menschen ein Anlass, nach alternativen Lebensformen zu suchen. In Joseph von Eichendorffs Gedicht „Sehnsucht" aus dem Jahr 1834 wird dieses Ausbrechen zum Thema: hier allerdings als fiktive Reise in eine Sehnsuchtswelt, in der die Realität ausgeblendet wird und die das Innere des lyrischen Ich spiegelt. Der Leser empfindet eine gewisse Melancholie, da der Wunsch nach Ferne unerfüllt bleibt.

Hauptteil:

1. Teilaufgabe: Interpretation des Gedichts

Die Ausgangssituation zeigt das lyrische Ich in einer Sommernacht, wie es einsam am Fenster steht und in die „stille" Landschaft blickt. Beim Klang des Posthorns wird der brennende Wunsch nach Aufbruch in die Ferne wach. Es wagt diesen Wunsch nicht öffentlich zu äußern („heimlich gedacht", V. 6), möglicherweise stellen Pflichten oder Konventionen ein Hindernis dar. Zwei Wanderer ziehen vorüber und ihr Lied löst im einsamen Zuhörer die Vorstellung von fernen Landschaften aus. Zunächst stellt er sich eine geheimnisvolle, wilde Gegend mit Felsen und Wasserfällen vor, dann malt er sich eine südliche, ästhetisch gestaltete Parklandschaft mit Lauben und Marmorstatuen aus. Vor dieser Kulisse spielt eine nächtliche Szene, in der zwei Mädchen am Fenster eines Palastes sitzen und dem Klang der Lauten lauschen. Diese Schlusssituation bildet eine Spiegelung der Anfangssituation. Und so werden die Beschreibungen beider Szenen auch jeweils mit dem Vers („In der prächtigen Sommernacht", V. 8, V. 24) beendet, der die Stimmung des Ich zum Ausdruck bringt. Damit entsteht eine Kreisstruktur vom Ende des Liedes zurück zum Anfang, die das Gefühl der Sehnsucht intensiv vermittelt, aber gleichzeitig auch verdeutlicht, dass es keine Erfüllung der Sehnsucht gibt: Das lyrische Ich verharrt passiv am Fenster und lauscht dem Lied der beiden Wanderer. Aber auch diese singen nur von einer fiktiven Landschaft, die sie (noch) nicht erreicht haben. Der irreale Wunschsatz im Konjunktiv („Ach, wer da mitreisen könnte", V. 7), stützt diesen Eindruck. So entsteht ein melancholischer, klagender Ton, der das Gedicht bestimmt.

Das Gedicht, bestehend aus drei Strophen mit jeweils acht Versen, ist in zwei Teile geteilt. Die ersten zwölf Verse beschreiben die reale Situation des Sprechers, seine Wahrnehmungen und Gefühle. Der Umschlag von der Realität in die Vorstellungswelt geschieht mit Vers 13, nun werden die Landschaften des Liedes aus der subjektiven Erlebnisperspektive des Ich geschildert. Dabei weitet sich der Blick von der Situation des einsamen Betrachters über die singenden Gesellen zu einem Überblick über die Landschaften, so dass eine ansteigende Bewegung vom Ich über die Gesellen zu den Mädchen entsteht. Diese Bewegung wird durch den Satzbau als fließend empfunden, denn sie wird durch einen Wechsel von ein- und zweizeiligen syntaktischen Einheiten mit Enjambements bestimmt. Die Sehnsuchtsreise des lyrischen Ich konkretisiert sich in einer Abfolge von Naturräumen, wobei der Leser eine Öffnung des Raums erlebt, wenn das lyrische Ich